Contribuições Sociais

**DESVIO DE FINALIDADE E SEUS REFLEXOS NO
DIREITO FINANCEIRO E NO DIREITO TRIBUTÁRIO**

A475c   Alvim, Tatiana Araújo
        Contribuições sociais: desvio de finalidade e seus reflexos no direito financeiro e no direito tributário / Tatiana Araújo Alvim. -- Porto Alegre : Livraria do Advogado Editora, 2008.
        136 p.; 23 cm.

        ISBN 978-85-7348-542-4

        1. Contribuição social. I. Título.

                                CDU – 336.233

            Índice para o catálogo sistemático:
        Contribuição social   336.233

        (Bibliotecária responsável: Marta Roberto, CRB-10/652)

Tatiana Araújo Alvim

Contribuições Sociais

DESVIO DE FINALIDADE E SEUS REFLEXOS NO DIREITO FINANCEIRO E NO DIREITO TRIBUTÁRIO

Porto Alegre, 2008

© Tatiana Araújo Alvim, 2008

Capa, projeto gráfico e diagramação
Livraria do Advogado Editora

Revisão
Rosane Marques Borba

Direitos desta edição reservados por
Livraria do Advogado Editora Ltda.
Rua Riachuelo, 1338
90010-273 Porto Alegre RS
Fone/fax: 0800-51-7522
editora@livrariadoadvogado.com.br
www.doadvogado.com.br

Impresso no Brasil / Printed in Brazil

À minha querida *madrecita*, luz do meu caminho, por ser exemplo de determinação, autenticidade, alegria, e principalmente pelo imenso amor dedicado à nossa família e ao próximo.

Ao meu *padrecito*, meu eterno professor de português, pela honradez e honestidade cultivadas por toda a vida.

Agradecimentos

Agradeço sempre e primeiramente a Deus, por ter me dado o dom de me dedicar aos meus ideais e tornar possível a sua realização.

Aos meus queridos pais, Arnaldo e Maria das Graças, pelo afeto e amor incondicionais em todos os momentos da minha vida.

Aos meus queridos irmãos Bruno e Christian, pelo carinho e motivação diária, pela contribuição particular de cada um.

Agradeço, em especial, à minha madrinha, advogada Maria Fernanda Vilela, exemplo de profissional competente e obstinada, pela oportunidade de compartilhar a cada dia um desafio novo, superado tanto pelo estudo diário como pelas soluções criativas de uma mente brilhante.

Ao meu amigo Marcelo Lôbo, em especial, pelo incentivo contínuo, pelos dias dedicados ao projeto, ao estudo e ao resultado do trabalho, por ter acreditado em mim muito antes da seleção do mestrado.

Agradeço, especialmente, ao meu orientador, professor Gabriel Ivo, pelos valorosos ensinamentos, pela orientação objetiva e consistente, por ter despertado em mim o espírito investigativo que tornou possível a realização deste trabalho científico.

Ao professor Andreas Krell, por seu investimento pessoal e profissional para a pesquisa, pela insistência na criação do mestrado, pela paciência.

Ao Dr. Paulo Roberto de Oliveira Lima, modelo de magistrado e de pessoa, mestre por excelência, a quem atribuo o meu crescimento como estudiosa do Direito e o gosto pela literatura.

Aos amigos da turma de mestrado, pela união e solidariedade presentes durante todo nosso aprendizado e, especialmente, a Stela Cavalcanti pelo tempo dedicado e pelo apoio e ao amigo Beclaute Oliveira, dono do melhor acervo bibliográfico do mestrado, pela troca e comunhão de idéias e pensamentos.

À querida colega de trabalho e amiga Danielle Cavalcante, pela valorosa ajuda, motivação e desprendimento, essenciais à conclusão do mestrado.

Agradeço em nome de minha amiga Renata Fonseca, a todas as amigas treliretes pela ajuda em momentos muito difíceis, compreensão pela minha ausência e pelo estímulo durante todo o curso.

Meu eterno agradecimento ao corpo docente da primeira turma de Mestrado de Direito da UFAL: Drs. Andreas Krell, Artur Stamford, Dirley Cunha Jr., Erinalva Medeiros, Eurico de Santi, Francisco Wildo, Gabriel Ivo, George Sarmento, João Maurício Adeodato, Marcos Mello, Paulo Lôbo, Sônia Cândido e Torquato Castro Jr. À Giovanna Codá, assessora do Curso de Mestrado em Direito pela alegria, delicadeza e preocupação com o êxito de toda turma. E que turma de ouro!

Prefácio

O convite para prefaciar o primeiro livro de Tatiana Araújo Alvim muito me honra. Desde há muito tempo a vida tem tecido entre mim e ela uma certa "procissão do encontro". Fui seu examinador no Trabalho de Conclusão de Curso de Graduação. Alguns anos depois, encontro-a no curso de especialização da Universidade Federal de Alagoas. Por fim, outro encontro no curso de mestrado da mesma universidade. Desta vez como orientador da sua dissertação. Todos os encontros marcam o perfil da Tatiana. Pessoa dedicada a tudo que realiza, que logo se destaca pela competência, seriedade e leveza que imprime às suas ações no mundo da vida.

Visto o tema, e a forma de abordagem, logo me interessei pela orientação. No momento atual, onde as concepções teóricas são dotadas de certo relativismo e pragmatismo, movendo-se os autores entre as doutrinas conforme o tema tratado, nada mais adequado que a emergência de um trabalho assentado em forte concepção teórica. Se é certo, como pensamos, que todo conhecimento só pode ser assim considerado quando tiver relacionado com um sistema de referência, o sistema de conhecimento do direito estruturado e refletido no trabalho de Tatiana é dotado de forte capacidade explicativa. Basta uma olhadela na bibliografia para se ter certeza disso.

Mas o aspecto mais interessante do texto que apresento é elo construído pela Autora entre o direito financeiro e o direito tributário. Elo fundamental para a compreensão e explicação das contribuições sociais. O estudo do direito tributário apartado do direito financeiro não é, hoje, mais concebível. É impossível o conhecimento adequado de certas espécies tributárias, como as contribuições sociais, sem a conjugação do direito financeiro. Desde o advento da Constituição Federal de 1988, a União tem ampliado sua base impositiva mediante a instituição e aumento das chamadas (i) contribuições sociais, (ii) de intervenção no domínio econômico e (iii) interesse de categorias profissionais. Tal expediente deve-se principalmente a dois fatores: a) tais contribuições não encontram clara demarcação que delimitem sua materialidade na Constituição Federal, exigindo apenas vinculação a uma finalidade específica (saúde, educação, previdência social, intervenção no domínio econômico etc) e b) em razão de sua criação encontrar-se vinculada a dada finalidade, não há previsão nem exigência de repartição do produto de sua arrecadação aos Estados e Municípios, como acontece com os impostos. Em síntese, poderíamos afirmar que as Contribuições em tudo se assemelham aos impostos, com a simples diferença específica de apresentar vinculação a dada destinação.

Outro ponto relevante que logo se mostra ao se aproximar o direito financeiro do direito tributário, consiste na própria compreensão do orçamento, como elemento viabilizador do Estado. A destinação dos recursos públicos, provenientes da receita pública, ocorre por meio do orçamento público, que visa a atender as obrigações públicas previstas no texto constitucional. Assim, se a destinação das contribuições sociais é vinculada a uma finalidade, é por meio do orçamento que tal destinação se efetiva. O orçamento público possui, assim, papel relevantíssimo na vida do Estado. O orçamento é o meio jurídico, normativo, pelo qual o Estado torna-se Estado. Um Estado sem orçamento fenece, não chega até aos administrados, seus programas sociais ficam no plano das intenções políticas, não se tornam prescritivos. A lição de Lourival Vilanova é oportuna para esclarecer o assunto: "Sem norma – lei constitucional ou sem lei ordinária, sem decreto executivo – seja qualquer a espécie exigida, sem ela, plano nenhum de governo, programa nenhum de desenvolvimento econômico ou social passaria para o campo concreto da realização".* O Estado realiza as necessidades públicas por meio do orçamento. Sem um orçamento o Estado fica impedido de realizar as necessidades públicas e desempenhar a razão de sua existência. Seria possível dizer, portanto, que sem orçamento não há Estado.

Destarte, não contribui para a compreensão e controle das receitas públicas, como exemplo as contribuições, a cisão arbitrária entre o estudo do Direito Tributário e do Direito Financeiro: o primeiro cuida da instituição, fiscalização e arrecadação do tributo e se extingue com o pagamento desta obrigação; o segundo se inicia onde morre primeiro, ocupando-se de receita, orçamento e da despesa pública. Tal distinção clássica leva a conclusão que o direito tributário extingue-se com o pagamento, restando o problema da destinação e do gasto público ao Direito Financeiro. Ou seja, a destinação é motivação (causa) para a exigência tributária, mas o desvio da destinação não é problema tributário, é problema do Direito Financeiro que acaba assimilando a tredestinação destes recursos nos escaninhos do interesse do Poder. Não pode ser assim.

A propedêutica adequada, portanto, consiste na reaproximação do Direito Tributário e do Direito Financeiro como com pena de ouro fez a

---

* Fundamentos do Estado de Direito, *in Escritos Jurídicos e Filosóficos*, Tomo I, op. cit. p. 418.

Autora. Se há no Direito Tributário, no fundamento constitucional da instituição destas contribuições, a obrigação de destinar o produto da arrecadação, então, torna-se vinculada não só a cobrança do tributo, mas sua destinação. Se a existência da contribuição depende da existência da destinação legal, a legitimidade de sua exigência também depende da efetiva realização desta destinação. Se não é possível efetivação e controle desta destinação, não há sentido na existência desta previsão nem, tampouco, na existência das Contribuições. É o mesmo que se construir uma fortaleza com portas de papelão. Direito é controle, sem possibilidade de controle não há direito. Sem o controle a ser agitado por meio do Direito Financeiro não se justifica a atuação do Direito Tributário. Eis o relevante ponto de intersecção.

No primeiro capítulo o livro cuida da relação, como mostrado linhas acima, entre o direito financeiro e o direito tributário. É justamente a receita tributária que une os dois ramos do direito que, para o seu estudo, apenas possuem autonomia didática. Diz a Autora, com muito rigor, que "de fato, a relação do Direito Financeiro e o Direito Tributário é tão imbricada que não há a possibilidade de um ramo não fazer parte do outro. Enquanto o Direito Tributário cuida da arrecadação da receita derivada, o outro ramo jurídico trata de disciplinar as despesas realizadas com a receita arrecadada. São duas faces da mesma moeda: receita/despesa". É isso. No segundo capítulo o trabalho trata da delicada questão da classificação dos tributos. Aspecto imprescindível para o estudo das contribuições sociais. No capítulo terceiro, a partir da distinção entre normas de conduta e de estrutura, constrói as normas atinentes às contribuições sociais. Tanto a de competência como a de conduta. A seguir, no capítulo quarto tece valorosos comentários sobre a função fundamental das contribuições, que é atuar como instrumento de efetivação dos direitos sociais. E por fim, no capítulo quinto, cuida do desvio de finalidade das contribuições sociais. Tema tormentoso que muito tem desafiado a doutrina nacional, mas que a Tatiana Araújo Alvim enfrenta com coragem e ineditismo. Aqui o retorno ao primeiro capítulo é inevitável, e mostra a relação de cada capítulo com todo o trabalho. Haja vista que a finalidade das contribuições afeta e tem conseqüências com o orçamento. Tendo em vista o princípio da universalidade, todas as receitas devem estar contidas no orçamento. Mas com relação às receitas provenientes da arrecadação das contribuições sociais, os recursos devem ser destinados para atender à finalidade que fundamentou sua criação. O legislador não tem a liberdade de usar critérios políticos para a destinação dos recursos advindos das contribuições. O programa há de ser o previsto na Constituição Federal. Como diz a autora "a finalidade é causa, porque autoriza a instituição da contribuição, enquanto a destinação é conseqüência advinda da finalidade". Num verdadeiro esforço analítico o trabalho expõe as diversas formas de desvio das contribuições sociais. Promovendo aquilo que Lourival Vilanova denomina de intersecção entre ciência e experiência, promove a autora uma análise da posição do Supremo Tribunal Federal sobre a assunto.

Trata-se, portanto, de um livro sério, expressado em estilo elegante. É de se registrar que Tatiana Araújo Alvim maneja o vernáculo com correção, clareza e objetividade, de tal sorte que torna a leitura uma ação de enorme prazer. O fato é que o livro tem indiscutível valor científico, sustentado por rica e produtiva vivência prática da advocacia que tem a autora.

Recomendo a leitura da obra da jovem autora que consiste num belo presente para aqueles que se envolvem no complexo mundo tributário brasileiro. Meus sinceros cumprimentos à Universidade Federal de Alagoas instituição em que a autora desenvolveu sua atividade acadêmica, o escrito corresponde à sua dissertação de mestrado e foi brilhantemente sustentada perante banca examinadora que muito exigiu da candidata, bem como à Livraria do Advogado de editar a excelente monografia.

Maceió, dezembro de 2007.

Gabriel Ivo
Mestre e doutor pela PUC/SP.
Professor da Universidade Federal de Alagoas
Procurador de Estado de Alagoas

Sumário

Apresentação – *Andreas J. Krell* 15
Introdução 17

Capítulo I
A relação entre o direito financeiro e o direito tributário sob a perspectiva das contribuições sociais

1.1. Nota introdutória sobre a inter-relação entre o direito financeiro e o direito tributário . 21
1.2. Do âmbito de autonomia do direito financeiro 23
1.3. A receita tributária como ponto de interseção entre os dois ramos 27
1.4. A relevância do destino da receita das contribuições 29
1.5. Da influência da norma de direito tributário sobre o direito financeiro 32
    1.5.1. O orçamento público como instrumento de controle do destino da receita tributária 32
    1.5.2. A vinculação da receita das contribuições à espécie de orçamento 33
    1.5.3. Da limitação da reserva de contingência da lei orçamentária 33

Capítulo II
A influência das transformações do direito tributário na classificação das espécies tributárias

2.1. As transformações do Direito Tributário inauguradas pela Constituição Federal de 1988 37
2.2. Do conceito de tributo como pressuposto lógico à classificação das contribuições .. 42
2.3. Da relevância da classificação dos tributos 45
2.4. Das teorias sobre a classificação dos tributos 48
    2.4.1. Das teorias dicotômica e tricotômica 48
    2.4.2. Da teoria de classificação dos tributos baseada em mais dois critérios: finalidade e restituibilidade 51
2.5. A destinação constitucional das contribuições e o art. 4º do CTN 54

Capítulo III
Da norma de competência tributária das contribuições sociais

3.1. Sobre a distinção entre normas de conduta e normas de estrutura 59
3.2. Da norma de competência tributária 60

3.3. Da composição da norma de competência tributária das contribuições 62
   3.3.1. Da estrutura lógica da norma jurídica 62
   3.3.2. Dos critérios do antecedente (formais) 64
   3.3.3. Dos critérios do conseqüente (materiais) 66
3.4. Das normas de comportamento das contribuições 68
   3.4.1. Da regra-matriz de incidência das contribuições 68
   3.4.2. Da norma de comportamento dirigida ao poder público 72
3.5. A finalidade das contribuições e a vinculação constitucional de sua receita 74

Capítulo IV
As contribuições sociais como instrumento de efetivação dos direitos sociais

4.1. Breves considerações acerca da evolução histórica e da atual expectativa dos direitos fundamentais 79
4.2. Da eficácia jurídica como pressuposto da efetividade 82
   4.2.1. Da necessária distinção entre eficácia e efetividade 82
   4.2.2. Da estreita relação entre a densidade normativa e a eficácia dos direitos fundamentais 83
   4.2.3. A estrutura jurídico-normativa dos direitos sociais 86
   4.2.4. Aplicabilidade imediata como garantia da eficácia dos direitos sociais 87
   4.2.5. Da possível intervenção do Poder Judiciário 89
4.3. Da diversidade de funções dos direitos fundamentais 91
   4.3.1. Critério para classificação dos direitos fundamentais 91
   4.3.2. Dos direitos de defesa 92
   4.3.3. Dos direitos à prestação em sentido amplo 93
4.4. As contribuições sociais como meio de concretização dos direitos sociais 95
   4.4.1. A finalidade constitucional das contribuições sociais 95
   4.4.2. A superação do argumento da reserva do possível 97
   4.4.3. A efetividade dos direitos sociais comprometida pelo desvio da arrecadação das contribuições sociais 101

Capítulo V
Da problemática do desvio da finalidade das contribuições sociais

5.1. A finalidade das contribuições e sua destinação constitucional 103
5.2. Das diversas formas de desvio da receita das contribuições 105
   5.2.1. No plano normativo e no plano fático 105
   5.2.2. A desvinculação da receita das contribuições sociais pela Constituição Federal . 106
   5.2.3. Desvio de finalidade pela lei instituidora da contribuição 110
   5.2.4. Do desvio de finalidade pela lei orçamentária 112
   5.2.5. Do desvio de finalidade por ato infralegal 113
5.3. Das conseqüências do desvio de finalidade 113
   5.3.1. Da desconfiguração da espécie tributária: contribuição 113
   5.3.2. Do direito do contribuinte à repetição do que pagou a título de contribuição . 115
5.4. A posição do Supremo Tribunal Federal sobre o tema 118

Conclusões 123

Referências 133

Apresentação

A presente obra traz uma abordagem original de um assunto atual, pouco tratado e socialmente relevante, que está situado, ao mesmo tempo, nas áreas "vizinhas" do Direito Tributário e Direito Financeiro. Tudo indica que a separação conceitual destes ramos da Ciência Jurídica, nos dias de hoje, não se justifica mais, já que os instrumentos referentes ao levantamento das receitas dos governos nos diferentes níveis federativos passaram a ter uma ligação muito mais estreita com as formas de efetuar as respectivas despesas, através das leis orçamentárias.

No foco de atenção do estudo monográfico de Tatiana Alvim estão as *contribuições sociais*, nos quais "se revela o elo existente entre o Direito Tributário, onde radicam essas figuras, e o Direito Financeiro, disciplina que cuida da destinação do produto arrecadado", como observa o Prof. Dr. Francisco Wildo Lacerda Dantas, integrante da Banca Examinadora da Dissertação de Mestrado que deu origem ao presente livro.

A partir de uma abordagem dos elementos que definem a classificação dos tributos na legislação brasileira (teorias dicotômicas e tricotômicas), a autora discute o aspecto da *competência* tributária e entra em detalhes da estrutura lógica das normas tributárias (de *conduta* e *estrutura*). Estas devem atender a critérios formais e materiais, para que se possa dar a sua incidência, seja ela compreendida como fenômeno "automático" ou "produzido". Nesse caminho, são identificadas a *finalidade* e a *vinculação* da receita das contribuições como características essenciais, que as distinguem das outras espécies tributárias previstas na Constituição.

Neste contexto, é de ressaltar que as contribuições sociais, no Brasil, se tornaram a *maior fonte de receita* da União, que chegou a ultrapassar, nos últimos anos, o volume gerado por qualquer outro tributo. Isto se explica pelo fato de que o volume monetário oriundo da cobrança das contribuições, ao contrário dos impostos mais importantes, não deve ser repartido com os Estados-membros e Municípios.

A autora mostra, contudo, que estes recursos não têm servido bem como instrumento de efetivação dos direitos fundamentais da população, visto que houve um crescente *desvio de sua finalidade*, através da "desvinculação" da sua arrecadação, introduzida por ato do Poder Constituinte reformador (art. 76 ADCT), pela EC 27/2000. Na sua correta avaliação, cabe ao Poder Judiciário brasileiro a tarefa de resguardar a realização destes direitos sociais, que justificam a própria existência das contribuições sociais, inclusive mediante declaração da inconstitucionalidade das medidas legais e administrativas que levaram à desconfiguração desta espécie tributária.

Como eu tive a oportunidade de acompanhar a vida acadêmica de Tatiana Alvim quase durante uma década, desde o início do seu Curso de Graduação na UFAL, até a conquista do título de Mestre, pela mesma Faculdade de Direito de Alagoas, em 2006, posso afirmar que ela sempre se destacou por seu pensamento independente e crítico, baseado na capacidade de perseguir (e alcançar) com persistência os seus objetivos e metas de estudo e aprendizagem. Sem dúvida, são também estas as qualidades que fundamentaram o seu atual sucesso profissional como respeitada advogada tributarista na capital alagoana.

Tenho certeza que os leitores deste livro apreciarão bastante a linguagem clara empregada, o rigor científico da abordagem, a objetividade na discussão do tema proposto, bem como o grande poder de convencimento dos argumentos empregados pela jovem autora para arrazoar os resultados de seu estudo.

Maceió, dezembro de 2007.

Andreas J. Krell

Doutor em Direito pela Freie Universität Berlin
Professor de Direito Ambiental e Constitucional e
Diretor da Faculdade de Direito de Alagoas (FDA/UFAL)
Professor dos Cursos de Mestrado e Doutorado em Direito da UFPE
Pesquisador bolsista do CNPq e Consultor da CAPES

Introdução

Antes da Constituição Federal de 1988, as contribuições sociais constituíam uma forma peculiar e específica de financiamento de alguns gastos sociais, mais conhecidas como contribuições paraestatais, porque não integravam o orçamento da União, sendo dirigidas à Previdência Social ou a fundos específicos, como o FGTS, Finsocial, PIS/Pasep.

Essa configuração do sistema tributário foi alterada substancialmente pela Constituição Federal de 1988, que, ao ampliar os direitos sociais, criou uma diversificada sistemática de financiamento desses direitos mediante as contribuições sociais gerais previstas pelo art. 149.[1]

Desde então, a fim de atender aos encargos e responsabilidades imputadas ao Poder Público, a União tem estendido sua base impositiva mediante a criação de diversas contribuições, sejam sociais, de intervenção ao domínio econômico ou de interesse de categoria profissional ou econômica.

Importa notar que não só a instituição de novas contribuições, mas os reiterados aumentos das exações já existentes têm colaborado para o aumento da carga tributária, que, segundo levantamento realizado pelo Instituto Brasileiro de Planejamento Tributário – IBPT, passou de 20,01% (em 1998) para 37,82% do Produto Interno Bruto – PIB (em 2005).[2]

Estudo realizado pela Secretaria da Receita Federal revela que o volume de recursos arrecadados pela União com as contribuições representa quase a metade da receita total arrecadada mediante outros tributos (imposto de renda, IPI, ITR, IOF, etc.).[3] Constitui, portanto, a contribuição uma

---

[1] A alusão feita neste trabalho às contribuições sociais terá sempre sentido amplo, salvo nos casos em que se referir a determinada espécie de contribuição social (em sentido estrito).

[2] Segundo estudo denominado *Carga Tributária Brasileira, atinge 37,82% do PIB em 2005, crescendo 1,02 ponto percentual*. INSTITUTO BRASILEIRO DE PLANEJAMENTO TRIBUTÁRIO. Disponível em: <http//www.ibpt.com.br>. Acesso em: 1 fev. 2006.

[3] Segundo o estudo, o conceito de carga tributária utilizado inclui contribuições sociais, de intervenção no domínio econômico e de interesse de categorias profissionais e econômicas, além dos impostos, taxas e contribuições de melhoria abrangidos pelo conceito de tributo nos termos do art. 145 da Constituição Federal. Também estão incluídas no cálculo da carga tributária as contribuições para o Fundo de

das primeiras fontes de arrecadação do Tesouro Nacional, o que demonstra a relevância do estudo ora desenvolvido.

Pensamos que o interesse de a União incrementar a arrecadação mediante a criação de contribuições pode ser atribuído a dois fatores: a) não-previsão da repartição da receita advinda das contribuições com os Estados e Municípios, como ocorre com os impostos;[4] b) ausência de clara demarcação da materialidade das contribuições na Constituição Federal, porquanto o que se exige é a vinculação a uma finalidade específica.

De acordo com o art. 149 da Constituição Federal de 1988, as contribuições sociais foram concebidas como instrumento de atuação do Estado, nas áreas social, de intervenção no domínio econômico e de categoria e interesse profissional. Significa dizer: os recursos advindos das contribuições estão vinculados aos fins especificados no texto constitucional.

Apesar dessa vinculação finalística, mesmo considerando o aumento da receita proveniente das contribuições, os fins constitucionais não têm sido satisfatoriamente alcançados, em virtude do desvio de finalidade ou tredestinação[5] dos recursos, praticado tanto no plano normativo (adoção pelo legislador de finalidade não prevista pelo constituinte), quanto no plano fático (destinação da arrecadação para fins diversos do das contribuições).

A desvinculação de parcela das contribuições autorizada pelo art. 76 dos Atos das Disposições Constitucionais Transitórias ressuscita, inevitavelmente, a discussão sobre a importância ou não da destinação dada ao produto arrecadado na identificação dos tributos em geral.

Segundo a visão da doutrina tradicional, a destinação é irrelevante para definir a espécie tributária (CTN, art. 4º), visto que a destinação do produto arrecadado é matéria alheia ao Direito Tributário, afeta exclusivamente ao Direito Financeiro, não importando, desta forma, na definição dos tributos. Entretanto, no atual Estado Democrático de Direito, tal assertiva deve ser vista com parcimônia, em face da constatação de que, na Constituição de 1988, as contribuições sociais são instituídas com base em um fim especificamente previsto para o qual servirá de fonte de custeio.

Entendendo ser necessário compreender a inter-relação entre o Direito Financeiro e o Direito Tributário sob a perspectiva das contribuições, o pre-

---

Garantia do Tempo de Serviço (FGTS). ALMEIDA, Aloísio Flávio Ferreira de *et al*. Carga Tributária no Brasil – 2005. In: *Estudos Tributários 15*. Disponível em: <httpl/:www.receita.fazenda.gov.br>. Acesso em: 1 ago. 2006.

[4] A regra de não-repartição da receita das contribuições foi excepcionada pelo inc. III do art. 159, modificado pela Emenda Constitucional nº 44, de 30 de junho de 2004, que prevê a disuribuição pela União de 29% da arrecadação da contribuição de intervenção no domínio econômico para os Estados e Distrito Federal, observada a destinação a que se refere o inciso II, c, do § 4º do art. 177 da CF/88.

[5] Tredestinação vem a ser a não-aplicação do bem à finalidade para que foi expropriado, o que permite o exercício do direito de retrocessão, previsto no art. 1.150 do Código Civil de 1916. É uma figura jurídica própria do Direito Administrativo, a qual pode ser tomada de empréstimo pelo Direito Tributário na análise da finalidade das contribuições.

sente estudo não tem a pretensão de exaurir todas as possíveis relações entre os institutos tratados por essas disciplinas jurídicas, mas tem por objetivo tratar de um vínculo específico, qual seja: aquele que se dá por intermédio das contribuições sociais.

Em face da vinculação finalística das contribuições, não se concebe mais tratar o Direito Financeiro e o Direito Tributário como partes independentes e autônomas do Direto; faz-se necessário o controle do destino efetivo desses recursos, o que é realizado pelo Direito Financeiro, mediante a lei orçamentária.

Tratando-se de tema atual e polêmico, cumpre examinar as posições divergentes da melhor doutrina nacional, bem como explicitar o nosso posicionamento sobre as principais questões que envolvem a destinação das contribuições sociais.

O trabalho será dividido em cinco capítulos. No primeiro deles, discorrer-se-á acerca da relação entre o Direito Financeiro e o Direito Tributário em face das contribuições. Trata-se de uma etapa indispensável; de um ponto de apoio fundamental para o desenvolvimento dos capítulos que se lhe seguirão. As premissas ali apresentadas irão justificar algumas conclusões assumidas no curso da exposição e assegurar o controle da coerência do pensamento exposto.

No segundo capítulo, que trata das influências das transformações do Direito Tributário na classificação das espécies tributárias, investigar-se-á como a inserção da contribuição pela atual Constituição influenciou na reclassificação das espécies tributárias, e qual a relevância da classificação dos tributos em espécies, sendo ainda objeto de análise a destinação constitucional das contribuições e o disposto no art. 4º do Código Tributário Nacional.

No terceiro capítulo, serão examinadas a norma de competência tributária, a regra matriz de incidência das contribuições e a regra financeira, a fim de verificar se a finalidade é elemento que integra a estrutura dessas normas e quais as suas implicações. O quarto capítulo abordará as contribuições como instrumento de efetivação dos direitos sociais, pretendendo demonstrar que a finalidade dessa exação é garantir os recursos materiais para a realização desses direitos, que em sua maioria dependem da atuação positiva do Estado.

Por fim, sendo objeto de preocupação o desvio da destinação das contribuições sociais, inclusive admitida pelo texto constitucional (art. 76 do ADCT), convém analisar as conseqüências advindas dessa desafetação, dentre as quais se destaca a possibilidade de o contribuinte requerer a devolução do que foi pago a título de contribuição em razão da desconfiguração da espécie tributária.

Capítulo I

A relação entre o direito financeiro e o direito tributário sob a perspectiva das contribuições sociais

1.1. Nota introdutória sobre a inter-relação entre o direito financeiro e o direito tributário

A idéia de que o destino da arrecadação do tributo é questão afeta, exclusivamente, ao Direito Financeiro tem afastado a análise do desvio da arrecadação sob a perspectiva do Direito Tributário, o que, em face das contribuições, não se pode admitir em virtude da afetação constitucional dos recursos provenientes dessas exações.

O art. 149 da Constituição Federal autorizou a criação pela União de contribuições sociais, de intervenção no domínio econômico e de categoria econômica e profissional para servir como instrumento de atuação do Estado nessas áreas. Significa dizer: é permitido à União instituir contribuições desde que sejam destinadas às finalidades especificadas no texto constitucional.

Partindo desta constatação, de que essas contribuições têm o seu destino previamente afetado pela Constituição, é de se reconhecer a relevância, também, para o Direito Tributário, do destino da arrecadação e, em conseqüência, da problemática do desvio das receitas das contribuições.

Observa-se que, de um modo geral, não é promovida a inter-relação entre temas clássicos do Direito Tributário (instituição, fiscalização, arrecadação do tributo) e do Direito Financeiro (receita, despesa pública, orçamento), nem mesmo quando se trata das contribuições que, como visto, requerem em especial a aproximação desses ramos jurídicos.

No mais das vezes, ao ser perquirida a validade de uma lei orçamentária, os operadores do direito recorrem às normas gerais de Direito Financeiro estabelecidas na Constituição Federal, na Lei 4.320, de 17 de março de 1964, e na Lei Complementar 101, de 4 de maio de 2000. Do mesmo modo, se querem verificar a exigibilidade de um determinado tributo, recorrem à Carta Maior na parte relativa à tributação e ao Código Tributário Nacional; dificilmente experimentam aproximar os dois ramos de forma a possibilitar uma interpretação mais sistemática e condizente com a unidade do direito.

Essa separação entre o Direito Financeiro e o Direito Tributário justifica-se apenas para fins didáticos, não sendo aconselhável, como ocorre em algumas faculdades de Direito, o estudo dessas disciplinas com anos de diferença, devendo ser privilegiado o estudo do Direito Financeiro em conjunto com o Direito Tributário.[6]

A ausência de interação entre os assuntos dessas disciplinas é evidenciada nos livros produzidos pela doutrina nacional, que tratam em um mesmo exemplar, separadamente, o Direito Financeiro e o Direito Tributário, sem fazer referência e considerações a respeito das conexões e relações entre esses ramos do direito, as quais, certamente, implicam soluções mais consentâneas com o sistema jurídico.[7]

É claro que o estudo autônomo de cada uma dessas disciplinas jurídicas faz-se necessário para a boa compreensão dos fenômenos tributário e financeiro, porque delimita o objeto de estudo. Isto não se discute. O que se questiona é o avanço dessa autonomia didática, que termina alcançando um distanciamento indesejável entre o Direito Financeiro e o Direito Tributário.

Tamanha distância tem refletido de forma negativa para os dois ramos, porque enquanto o Direito Financeiro esteve esquecido pelos legisladores e estudiosos do Direito nos últimos anos, o estudo do Direito Tributário teve grande evolução, impulsionado pela vasta produção legislativa e pelos trabalhos científicos realizados pela doutrina.

É vital, portanto, para o avanço do Direito Financeiro, a inter-relação com o Direito Tributário, ao tempo que se afigura essencial para a adequada aplicação do Direito Tributário a interação com o Financeiro.

Mesmo porque não se pode perder de vista que o Direito Financeiro é um instrumento, um meio utilizado pelo Estado para atender às necessidades públicas, as quais dependem das receitas tributárias, de que cuida o Direito Tributário. Há essencialmente uma forte conexão entre esses dois ramos do direito.

Sob essa perspectiva, o presente trabalho não tem a pretensão de exaurir todas as possíveis relações entre os institutos tratados por essas dis-

---

[6] JARACH, Dino. *Finanzas Públicas y Derecho Tributário*. 2. ed. Buenos Aires: Abeledo-Perrot, 1996, p. 73. O autor justifica a conjugação em sua obra do estudo das Finanças Públicas e do Direito Tributário: "las exigencias de las asignaturas universitarias que predominan en la actualidad, se acopla el estudio de la Ciencia de las Finanzas con el del Derecho Tributário". Tradução livre: "às exigências das disciplinas universitárias que predominam na atualidade, se junta o estudo da ciência das finanças com o do Direito Tributário".

[7] Exceção a essa regra é o livro de Ricardo Lobo Torres, denominado Curso de Direito Financeiro e Tributário, que apesar de separar de forma didática em capítulos os termos específicos de cada disciplina jurídica, no decorrer de sua obra, ao abordar os assuntos, inter-relaciona as normas e os institutos, proporcionando ao leitor uma melhor compreensão dos fenômenos tributário e financeiro. TORRES, Ricardo Lobo Torres. *Curso de Direito Financeiro*. 11. ed. Rio de Janeiro: Renovar, 2004.

ciplinas jurídicas, mas tem por objetivo estudar um vínculo específico, qual seja: aquele que se dá por intermédio das contribuições sociais.

1.2. Do âmbito de autonomia do direito financeiro

A fim de melhor compreender em que base está assentado o estudo apartado do Direito Financeiro, convém fazer breve escorço sobre sua autonomia, a fim de vislumbrar como se dá a inter-relação com os demais ramos jurídicos do direito positivo, em especial com o Direito Tributário.

Desde logo, insta ressaltar que a autonomia não é um conceito unívoco para o Direito, visto que não apresenta a mesma significação para os estudiosos do direito que, a depender da posição adotada, têm concepções absolutamente divergentes a respeito do que seja a autonomia de uma parte do Direito. Entretanto, não se pode admitir a idéia de autonomia ligada à independência absoluta entre os seus ramos, em razão da própria unidade do Direito que lhe é essencial.

Esta é a lição de Héctor Villegas, para quem "a autonomia seja didática, seja científica, não pode ser concebida de maneira absoluta, mas tendo em vista que cada ramo do Direito é uma parte indissolúvel do todo".[8]

A autonomia didática dos ramos do direito é resultante do próprio processo de especialização do aprendizado, profissional e científico, bem como da multiplicação das leis, da aparição dos Códigos e, ainda, do fracionamento da competência dos tribunais.

A divisão do Direito em ramos ou disciplinas jurídicas é de extrema relevância, porque delimita o campo próprio de investigação, sendo o objeto estudado à luz dos princípios de cada disciplina. Sainz de Bujanda define as disciplinas autônomas como "aquellas que con referencia a un determinado ámbito de la realidad, utilizan métodos propios que permiten transformar ese sector de objetos reales en objetos ideales del conocimiento".[9] Já Celso Antônio entende que "há uma disciplina jurídica autônoma quando corresponde a um conjunto sistematizado de princípios e normas que lhe dão identidade, diferenciando-se das demais ramificações do Direito."[10]

---

[8] VILLEGAS, Héctor. *Curso de Direito Tributário*. Tradução de Roque Antônio Carraza. São Paulo: Revista dos Tribunais, 1980, p. 40.

[9] BUJANDA, Sainz de. *La enseñanza de la Hacienda Pública em Las Facultades de Derecho* em Hacienda e Derecho. Madri: I.E.O, 1963, v. 3, p. 53, *apud* LAPATZA, José. *Curso de Derecho Financiero Español*. 19. ed. Madri: Marcial Pons, 1997, p. 20. Tradução livre: "aquelas que com referência a um determinado âmbito de realidade, utilizam métodos próprios que permitem transformar esse setor de objetos reais em objetos ideais do conhecimento."

[10] MELLO, Celso Antônio Bandeira de. *Elementos de Direito Administrativo*. São Paulo: RT, 1980, p. 3.

Sem deixar de destacar as obras de José Antônio Maia (*Compêndio de Direito Financeiro*, Tipografia Nacional, 1841) e Maurício Fernandes (*Apontamentos de Direito Financeiro Brasileiro*, 1855), produzidas nos meados do século XIX no Brasil, as quais se preocuparam em estudar os aspectos jurídicos das finanças, a doutrina atribui ao austríaco Myrbach Rheinfeld o marco científico do estudo do Direito Financeiro como disciplina autônoma do Direito, apartada do Direito Administrativo.[11] O Direito Financeiro passa a ser concebido como ramo do direito público positivo, cujo objeto é a regulamentação das finanças das coletividades públicas.

Ante esse impulso inovador, cresceu a discussão a respeito da autonomia do Direito Financeiro, que terminou gerando três diferentes posições. A primeira, representada por Baleeiro, Trotabas e Griziotti, defende a independência dogmática do Direito Financeiro em seu aspecto meramente formal, porque entende ser indispensável a sua complementação pela economia financeira e pela política. A segunda posição, defendida por Falcão e D. Jarach, não reconhece a independência do fenômeno financeiro, tendo em vista que sempre estaria atrelado ao Direito Administrativo, Processual e Constitucional.[12] A terceira posição, chamada pluralista, compreende o Direito Financeiro como um ramo autônomo, porque possui institutos e princípios específicos não identificados em outros ramos do Direito, contudo estreitamente relacionado com outras disciplinas jurídicas e extrajurídicas.[13]

Como se observa das posições sinteticamente explicitadas, a problemática instalada em torno da autonomia do Direito Financeiro deve-se, em grande parte, ao fato de os autores identificarem-na como sinônimo de independência, quando o estudo do Direito Financeiro enquanto disciplina autônoma não implica a sua independência, como se fosse um sistema apartado das outras disciplinas jurídicas. Ao revés, como dito, para o Direito não tem sentido fazer referência à autonomia de seus ramos, sem se ter em consideração a unidade do próprio Direito. Todos os ramos estão ligados a um todo incindível, porque em sua essência são partes de uma única realidade científica.[14]

Para Alfredo Augusto Becker, "a autonomia do Direito Tributário é um problema falso e falsa é a autonomia de qualquer outro ramo do direito

---

[11] MYRBACH, Rheinfeld. Precis de Droit Financier. Paris: Giard et Brière, 1910, apud BORGES, José Souto Maior. *Introdução ao Direito Financeiro*, São Paulo: Max Limonad, 1998, p. 103.

[12] Idem, ibidem, 1998, p. 112. Segundo este autor, "a Escola Administrativa clássica nega autonomia ao Direito Financeiro, concebendo-o como um mero capítulo do Direito Administrativo".

[13] TORRES, Ricardo Lobo. *Curso de Direito Financeiro*. 11. ed. Rio de Janeiro: Renovar, 2004, p. 12/15.

[14] VILLEGAS, Héctor. *Curso de Direito Tributário*. Tradutor: Roque Carraza. São Paulo: Revista dos Tribunais, 1980, p. 40.

positivo".[15] Segundo o autor, a expressão *autonomia* tem sido empregada pelos juristas com sentido equivocado, porque sugere zonas apartadas e inacessíveis à Teoria Geral do Direito, quando "o verdadeiro e genuíno sentido da expressão 'autonomia' é o Poder (capacidade de agir) de o Ser Social impor uma disciplina aos indivíduos (que estão continuamente criando) e a si próprio numa autolimitação".[16]

Partindo dessa idéia, de que nenhum ramo do direito é autônomo no sentido de poder existir independentemente da totalidade do sistema jurídico, afirma Alfredo Augusto Becker:

> A autonomia (no sentido de independência relativa) de qualquer ramo do direito positivo é sempre e unicamente didática para, investigando-se os efeitos jurídicos resultantes da incidência de determinado número de regras jurídicas, descobrir a concatenação lógica que as reúne num grupo orgânico e que une este grupo à totalidade do sistema jurídico.[17]

Igualmente, Souto Maior Borges entende que a discussão quanto à autonomia do Direito Financeiro é um falso problema, porque o direito bem como os seus ramos jurídicos são autônomos, no sentido de que cada qual se adequa à sua função, mas todos estão agrupados em um só sistema jurídico, que se baseia na inter-relação dos fenômenos que se procura resolver, mediante o disciplinamento de cada ramo do Direito.[18]

De fato, a autonomia dos ramos jurídicos compreendida nesse sentido (de independência relativa) tem a grande vantagem de possibilitar uma melhor compreensão de cada parte do Direito, devendo por isso, conforme sugerido por Ferreiro Lapazta, ser mais apropriado utilizar a expressão especialidade, em vez de autonomia. São estas as suas palavras:

> El Derecho Financiero como norma y como disciplina forma sólo una parte del Derecho como norma y del Derecho como disciplina, especializado en función de un âmbito de la realidad diferenciado, la actividad financiera, cuya importância hace oportuna y conveniente, socialmente demandada y exigible a los juristas por la sociedad a la que sirven, esta especialización.
>
> La especialización del Derecho financiero en función del âmbito de la realidad social diferenciada hace precisa una más exacta delimitación del mismo, es decir, de la actividad financiera, com una necessária referencia a su, a nuestro juicio, característica más relevante, su instrumentalidad, y a su objeto específico, el dinero público.[19]

---

[15] BECKER, Alfredo Augusto. *Teoria Geral do Direito Tributário*. 3. ed. São Paulo: Lejus, 1998, p. 29.

[16] Idem, ibidem, p. 30.

[17] Idem, ibidem. p. 31. Para o autor, "com a evolução do direito e o aperfeiçoamento da ciência jurídica, torna-se cada vez mais difícil apontar um fundamento seguro que ainda possa sustentar a sacrossanta divisão do direito positivo em: Público e Privado".

[18] BORGES, José Souto Maior. *Introdução ao Direito Financeiro*, São Paulo: Max Limonad, 1998, p. 103.

[19] LATATZA, José Juan Ferreiro. *Curso de Derecho Financiero Español*. 19. ed. Madri: Marcial Pons, 1997, p. 32. Tradução livre: "O Direito Financeiro como norma e como disciplina forma só uma parte do direito como norma e do direito como disciplina, especializado em função de um âmbito de realidade diferenciado, a atividade financeira, cuja importância faz-se oportuna e conveniente, socialmente demandada e exigível aos juristas pela sociedade à qual servem, esta especialização. A especialização

Em nosso ordenamento jurídico, desde a Constituição Federal de 1946, o legislador constituinte optou pela separação e distinção do Direito Financeiro, vez que foi diferenciada a competência da União para "legislar sobre as normas gerais do direito financeiro" (art. 15, XV, "b"), sem prejuízo da legislação estadual, supletiva ou complementar (art. 6º), da competência privativa da União para legislar sobre Direito Civil e Comercial (art. 5º, XV, "a").

Na atual Constituição Federal, essa escolha se repete, tendo em vista que o art. 24, inc. I, conferiu à União, aos Estados e ao Distrito Federal competência para legislar concorrentemente, dentre outros direitos, sobre o Direito Tributário e o Financeiro. Essa distinção do Direito Financeiro feita pelo dispositivo constitucional já denota sua autonomia como ramo especializado do Direito que disciplina as finanças públicas.

Não se pode descuidar, todavia, que se por um lado a autonomia do Direito Financeiro é relevante, na medida em que possibilita a resolução dos conflitos emanados da atividade financeira do Estado mediante a aplicação de regras e princípios específicos, por outro, tem servido de justificativa para separar o Direito Financeiro das necessárias interferências de outros ramos do Direito, em especial do Direito Tributário.

Como será adiante demonstrado, na atualidade, não se pode mais conceber o estudo do Direito Financeiro separado do Direito Tributário, em razão dos inúmeros pontos de contato existentes. Isso porque a especialidade do Direito em Financeiro não implica o seu isolamento, ao reverso, por estar inserido no sistema jurídico, convive com outras ordens jurídicas, necessitando, para ser operativo, de outros aspectos do objeto ideal estudado pelas outras disciplinas jurídicas ou extrajurídicas.[20] Aliás, essa é a idéia da teoria da autonomia pluralista que acima destacamos.

Assim, no intento de dar mais operatividade ao Direito, buscamos identificar os pontos de interseção entre o Direito Tributário e o Direito Financeiro, existentes na Constituição Federal de 1988 e na legislação infraconstitucional, sempre sob a perspectiva das contribuições sociais.

---

do Direito Financeiro em função do âmbito da realidade social diferenciado faz necessária uma delimitação mais exata dela mesma, é descer, da atividade financeira, com uma necessária referência sua, ao nosso juízo, característica mais relevante, sua instrumentalidade, e a seu objeto específico, o dinheiro público."

[20] LATATZA, José. *Curso de Derecho Financiero Español*. 19. ed. Madri: Marcial Pons, 1997, p. 19. Contudo, como assevera o autor, "tal ayuda recíproca no puede conducir a la confusión de métodos, palabras y conceptos, de oficios y tareas, so pena de que la incoherencia y la imprecisión se hagan ver inmediatamente en el discurso y en resultado de la investigación o del trabajo que uno y otro hagan de desarrollar", p. 23.

1.3. A receita tributária como ponto de interseção entre os dois ramos

Segundo Souto Maior Borges, o Direito Financeiro é o "sistema normativo que tem por conteúdo as instituições financeiras do Estado – orçamento, receita, despesas e crédito".[21]

De modo mais amplo, pode-se compreender o Direito Financeiro como ramo jurídico constituído por um conjunto de regras e princípios que regem a atividade financeira do Estado e as relações entre o Estado e particulares decorrentes do exercício dessa atividade, desenvolvida mediante o auferimento de receitas e realização de despesas previstas no orçamento.

Quando analisamos os elementos principais que compõem o Direito Financeiro – receita, despesa e orçamento públicos –, logo se verifica que não é possível atribuir à autonomia o sentido de total independência. Para se trabalhar com o Direito Financeiro é indispensável o uso de princípios, regras e conceitos de outros ramos do Direito.

A Constituição Federal de 1988 é minuciosa ao regular a matéria financeira. Estabelece princípios financeiros específicos,[22] a forma de partilha dos tributos e da arrecadação tributária, além de dispor sobre o crédito público, o contorno jurídico do orçamento e a respeito da fiscalização da execução orçamentária (arts. 70 a 75 e 163 a 169).

Em razão do casuísmo do texto constitucional, as regras e os princípios financeiros nele inseridos têm sido objeto de estudo pelos constitucionalistas como Ciência do Direito Constitucional Financeiro, e pelos tributaristas e financistas como Ciência do Direito Financeiro Constitucional. Enquanto os primeiros dão ênfase ao Direito Financeiro pelo prisma da Constituição, os segundos têm como preocupação maior os aspectos financeiros da Constituição.[23]

Ao defendermos como mais adequada a teoria da autonomia pluralista, temos que o Direito Financeiro é um ramo autônomo do direito público separado do Direito Administrativo. No entanto, a despeito disso, a relação entre eles é bastante estreita, já que mediante a atividade financeira (atividade-meio) o Estado realiza sua atividade-fim (atividade administrativa em

---

[21] BORGES, José Souto Maior. *Introdução ao Direito Financeiro*, São Paulo: Max Limonad, 1988, p. 108.
[22] São princípios financeiros específicos, dentre outros: a) Da Universalidade do Orçamento, segundo o qual o orçamento deve conter todas as receitas e despesas da União (art. 165, § 5º, da CF); b) Da Não-Afetação da Receita, em razão do qual é vedado ao legislador vincular a receita pública a certas despesas(art. 167, IV, da CF); c) Da Especialidade do Orçamento, de acordo com o qual o orçamento deve discriminar e especificar os créditos, órgãos a que se destinam e o tempo em que deve realizar a despesa (art. 167, II, VI, VII, da CF). Constituição Federal de 1988.
[23] TORRES, Ricardo Lobo. *Curso de Direito Financeiro e Tributário*. 11. ed. Rio de Janeiro: Renovar, 2004, p.16 e 17.

sentido amplo). Como acentua José Ferreiro Lapatza, "la actividad financiera aparece así claramente como una actividad instrumental, como una condición para el logro del resto de las actividades del Estado y como um médio de que éste consiga sus fines".[24]

Especificamente sobre a relação do Direito Financeiro com o Direito Tributário, Aliomar Baleeiro afirma que o "Direito Fiscal é sub-ramo do Direito Financeiro que apresenta maior desenvolvimento doutrinário e maior riqueza de diplomas no direito positivo de vários países".[25]

Partindo dos elementos básicos do Direito Financeiro (receita, despesa e orçamento), Ricardo Lobo Torres também divide o Direito Financeiro nos seguintes ramos: Direito Tributário, Direito Patrimonial Público, Direito do Crédito Público, Direito da Dívida Pública, Direito das Prestações Financeiras e Direito Orçamentário.[26]

De fato, a relação entre o Direito Financeiro e o Direito Tributário é tão imbricada que não há a possibilidade de um ramo não fazer parte do outro. Enquanto o Direito Tributário cuida da arrecadação da receita derivada, o outro ramo jurídico trata de disciplinar as despesas realizadas com a receita arrecadada. São duas faces da mesma moeda: receita/despesa.

A atividade financeira do Estado é desenvolvida mediante o auferimento de receitas, classificadas tradicionalmente em originárias e derivadas. As primeiras são as provenientes da exploração do patrimônio público, compreendendo os preços públicos, as compensações financeiras e os ingressos comerciais. Enquanto as derivadas são auferidas da economia privada, mediante o pagamento de tributos e multas, exigidos pelo Estado na forma da lei.

Em razão da expressividade de seu montante, as denominadas receitas derivadas são as mais relevantes para o Direito Financeiro. Daí por que Ferreiro Lapazta asseverou que "el tributo, como institución jurídica, es inescindible e incomprensible si lo desgajamos del ciclo total de la actividad financiera".[27] Para concluir que "el Derecho tributário debe ser considerado así como una rama de una disciplina jurídica más amplia: El Derecho Financiero".[28]

---

[24] LAPATZA, José. *Curso de Derecho Financiero Español.* 19. ed. Madri: Marcial Pons, 1997, p. 32. Tradução livre: "a atividade financeira parece assim claramente como uma atividade instrumental, como uma condição para o alcance do resto da atividade do Estado e como meio que esse consiga seus fins".
[25] BALEEIRO, Aliomar. *Direito Tributário Brasileiro.* 10 ed. Rio de Janeiro: Forense, 1993, p. 7.
[26] TORRES, Ricardo Lobo. *Curso de Direito Financeiro e Tributário.* 11. ed. Rio de Janeiro: Renovar, 2004, p.12.
[27] LAPATZA, José. *Curso de Derecho Financiero Españhol.* 19. ed. Madri: Marcial Pons, 1997, p. 39. Tradução livre: "o tributo, como instituição jurídica, é inseparável e incompreensível se o desgarrarmos do ciclo total da atividade financeira".
[28] Idem, ibidem, p. 39. Tradução livre: "o Direito Tributário deve ser considerado assim como um ramo de disciplina jurídica mais ampla: o Direito Financeiro".

Sob essa perspectiva, da receita tributária, não há dúvidas de que o Direito Tributário é um dos ramos que compõem o Direito Financeiro, vez que, como antes explicitado, enquanto aquele disciplina a atividade do Estado relativa à arrecadação de tributos (receita derivada), esse tem por objeto a regulação da atividade financeira do Estado, que depende do auferimento de receitas originárias e, principalmente, das derivadas. O Direito Financeiro é mais amplo porque abrange toda a atividade financeira do Estado, enquanto o Direito Tributário se refere exclusivamente à atividade do Estado relacionada ao tributo.

Nesta ordem de idéias, a receita derivada decorrente da arrecadação de tributos (receita tributária) é o ponto de interseção entre o Direito Financeiro e o Tributário, porque é o elemento que pertence aos dois ramos do direito, simultaneamente.

Sendo o elemento comum desses dois ramos jurídicos, a receita tributária é o elo que une o Financeiro e o Tributário, devendo ser examinada especialmente em relação às contribuições sociais.

1.4. A relevância do destino da receita das contribuições

Por muito tempo restou sedimentado na doutrina o entendimento de que, ocorrido o fato previsto na norma tributária, havendo o pagamento do tributo pelo contribuinte, extingue-se a relação jurídica tributária, não interessando para o Direito Tributário o destino dado à receita tributária, porque após o seu recebimento pelos cofres públicos, a destinação passa a ser objeto de preocupação do Direito Financeiro.

Assim pensa Alfredo Augusto Becker, para quem "o que acontece depois com o bem que dava inconsistência material ao tributo, acontece em momento posterior e em outra relação jurídica, esta última de natureza administrativa".[29]

Essa posição é fundamentada no próprio conceito de tributo estabelecido pelo art. 3º do Código Tributário Nacional,[30] e no art. 4º, II, do mesmo diploma, o qual tem por irrelevante a destinação legal do produto da arrecadação do tributo para qualificação da natureza jurídica de tributo.

Para Paulo de Barros Carvalho, "a entidade que vier a preencher os requisitos estipulados no art. 3º do Código Tributário Nacional será, juridi-

---

[29] BECKER, Alfredo Augusto. *Teoria Geral do Direito Tributário*. 3. ed. São Paulo: Lejus, 1998, p. 287.

[30] Conforme dispõe o art. 3º do CTN: "Tributo é toda prestação pecuniária compulsória, em moeda ou cujo valor nela se possa exprimir, que não constitua sanção de ato ilícito, instituída em lei e cobrada mediante atividade administrativa plenamente vinculada".

camente, um tributo, a despeito da destinação que for atribuída aos valores arrecadados".[31]

No que concerne à interpretação do disposto no referido art. 4º, II, Sacha Calmon entende que "o CTN está, no tangente à qualificação do tributo, rigorosamente certo", porque o que importa para identificar a espécie tributária é a análise do fato gerador e da base de cálculo da exação, sendo o destino da arrecadação relevante, tão-somente, para o controle do Estado, do seu poder de tributar.[32]

Mesmo sendo essa a corrente majoritária, têm surgido posições contrárias à interpretação dos arts. 3º e 4º, II, do CTN, no sentido de que o destino da arrecadação não interessa somente ao Direito Financeiro, mas importa, sim, para o Direito Tributário, porque seria elemento definidor de espécie tributária, como será pormenorizado adiante.

De fato, essa separação total do Direito Financeiro e do Tributário, fortemente influenciada pela idéia extremada de autonomia entre os ramos do Direito, antes explicitada, não tem sentido de prevalecer em face da atual Constituição Federal de 1988, que ao estabelecer em seu art. 149 competência da União para instituir contribuições sociais com finalidades específicas, criou tributo novo, caracterizado por sua destinação.[33]

Como defendido por diversos autores na atualidade,[34] a conexão estabelecida entre os dois ramos não se exaure quando a receita tributária é entregue ao Estado. Isso porque, como ensina Luciano Amaro, "a destinação do tributo é posta pela Constituição como aspecto integrante do regime jurídico da figura tributária, na medida em que se apresenta como condição, requisito, pressuposto ou aspecto do exercício legítimo (isto é, constitucional) da competência tributária".[35]

Para o autor, a desconsideração do destino da arrecadação, fundada no disposto no art. 4º do Código Tributário Nacional, está baseada na equivocada premissa da autonomia do Direito Tributário, visto que o tributo, como fenômeno jurídico, é tratado como "se contivesse todo (e se esgotasse) na relação obrigacional tributária".[36]

---

[31] CARVALHO, Paulo de Barros. *Curso de Direito Tributário*. 13 ed. São Paulo: Saraiva, 2000, p. 31.

[32] COELHO, Sacha Calmon Navarro. *Curso de Direito Tributário Brasileiro*. Rio de Janeiro: Forense, 1999, p. 401.

[33] Como estabelece o art. 149: "Compete exclusivamente à União instituir contribuições sociais, de intervenção no domínio econômico e de interesse das categorias profissionais e econômicas, como instrumento de sua atuação nas respectivas áreas, observado o disposto nos art. 146, III, e 150, I e III, e sem prejuízo do previsto no art, 195, § 6º, relativamente às contribuições a que alude o dispositivo."

[34] AMARO, Luciano. *Direito Tributário Brasileiro*, 4 ed. São Paulo: Saraiva, 1999, p. 78. No mesmo sentido, Antônio Roberto Sampaio Dória, Gilberto Ulhôa Canto, Hamilton Dias de Souza, Misabel de Abreu Machado Derzi, Hugo de Brito Machado, José Eduardo Soares de Melo, todos citados pelo autor.

[35] Idem, ibidem, p. 75.

[36] Idem, ibidem, p. 75.

Tem razão o citado autor. Se o destino da receita tributária, a princípio, diz respeito apenas ao Direito Financeiro, quando esse passa integrar a norma jurídica constitucional definidora de competência, configura um dado jurídico relevante na definição da espécie tributária. São estas as suas palavras:

> Se a destinação integra o regime jurídico da exação, não se pode circunscrever a análise de sua natureza jurídica ao iter que se inicia com a ocorrência do fato previsto na lei e termina com o pagamento do tributo (ou com outra causa extintiva da obrigação), até porque isso levaria o direito tributário a ensimesmar-se a tal ponto que negaria sua própria condição de ramo do direito, que supõe a integração sistemática ao ordenamento jurídico total.[37]

Neste sentido é a opinião de Paulo Roberto Pimenta, para quem "o tributo só pode ser instituído e exigido para obter receitas para o adimplemento de uma atuação prevista na Carta Maior, à qual devem ser direcionados todos os recursos obtidos com a criação do tributo".[38]

Assentado que a Constituição Federal estabeleceu a competência da União para instituir contribuições sociais, de intervenção no domínio econômico e de interesse de categorias profissionais e econômicas, "como instrumento de atuação nas respectivas áreas" (art. 149), não há dúvidas de que "a destinação integra o regime específico do tributo (ou seja, é dado jurisdicizado)".[39]

Significa dizer: o fato – destino da receita tributária – que somente era disciplinado pelo Direito Financeiro, foi juridicizado pelo Direito Tributário, sendo elemento determinante na instituição das contribuições.

Como se vê, o reconhecimento do regime jurídico tributário das contribuições, em função de suas finalidades, tem relevantes conseqüências para o Direito Tributário. A afetação das contribuições à determinada finalidade, além de definir a espécie tributária, serve de controle de validade da norma instituidora da contribuição, que deve ter em sua estrutura o destino da receita decorrente das contribuições.

Note-se que mesmo para os que, a exemplo de Geraldo Ataliba, não identificam a contribuição social como espécie autônoma tributária, a finalidade é dado que não pode ser esquecido quando da instituição do tributo, porque, se prevista constitucionalmente, legitima a própria cobrança do tributo.[40]

Contudo, sendo objeto do presente trabalho o vínculo entre o Financeiro e o Tributário sob o âmbito das contribuições, indaga-se: a norma de com-

---

[37] AMARO, Luciano. *Direito Tributário Brasileiro*, 4 ed. São Paulo: Saraiva, 1999, p. 76.

[38] PIMENTA, Paulo Roberto Lyrio. Normas de Competência e o Controle de Validade da Norma Impositiva Tributária. In: *Segurança Jurídica na Tributação e Estado de Direito*. São Paulo: Noeses, 2005, p. 847.

[39] AMARO, Luciano. *Direito Tributário Brasileiro*, 4 ed. São Paulo: Saraiva, 1999, p. 77.

[40] Para o autor, "se o legislador ordinário federal batiza de 'contribuição' um tributo, a finalidade em que deve ser aplicado o produto para arrecadação, necessariamente será uma daquelas previstas constitucionalmente". ATALIBA, Geraldo. *Hipótese de Incidência Tributária*. 5. ed. São Paulo: Malheiros, 2000, p. 175.

petência tributária que autoriza a instituição de contribuições com fins específicos tem reflexos, também, para o Direito Financeiro?

1.5. Da influência da norma de Direito Tributário sobre o Direito Financeiro

1.5.1. O orçamento público como instrumento de controle do destino da receita tributária

Do mesmo modo que a norma tributária tem sua validade aferida pela destinação dada ao produto da arrecadação de contribuições, assim deve ocorrer com a norma financeira, a qual está sujeita ao controle de validade a partir desse mesmo critério.

No Direito Financeiro, o controle do destino da arrecadação se faz por meio do orçamento público, que segundo conceitua Gabriel Ivo, "é a lei que contém previsão de *receitas e despesas,* e programa a vida econômica e financeira do Estado, por um certo período". Como ensina o autor, "a lei orçamentária regula a conduta dos administrados no modal permitido".[41]

Entendendo-se que o destino da receita decorrente das contribuições é elemento que autoriza e legitima a sua própria instituição, o orçamento público tem de observar esta mesma destinação. Ou seja: a finalidade das contribuições sociais estabelecidas pela Constituição Federal implica a vinculação orçamentária.

É o que defende Paulo Ayres Barreto, quando afirma que "o vínculo entre a causa e o destino da arrecadação não é passível de ser alterado ou afastado por intermédio de lei orçamentária, sob pena de comprometimento estrutural como espécie tributária".[42]

Essa necessária vinculação do orçamento, decorrente da norma de competência tributária, é reforçada, ainda, pela Lei de Responsabilidade Fiscal – Lei Complementar nº 101, de 4 de maio de 2000 –, que em seu parágrafo único do art. 8º estabelece que "os recursos legalmente vinculados à finalidade específica serão utilizados exclusivamente para atender ao objeto de sua vinculação, ainda que em exercício diverso daquele em que ocorrer o ingresso".[43]

---

[41] IVO, Gabriel. O Processo de Formação da Lei Orçamentária Anual, a Rejeição do Projeto de Lei e o Princípio da Inexauribilidade da Lei orçamentária. *Revista Trimestral de Direito Público*, São Paulo: Malheiros, v. 34, São Paulo: Malheiros, 2001, p. 165-180.

[42] BARRETO, Paulo Ayres. *Contribuições. Regime Jurídico, Destinação e Controle.* São Paulo: Noeses, 2006, p. 194.

[43] BRASIL. *Constituição Federal (1988).* Disponível em: <http//www.planalto.gov.br>. Acesso em: 5 abr. 2006.

De fato, não teria sentido a norma jurídica tributária prever uma destinação específica se esta não fosse respeitada pela norma jurídica financeira – lei orçamentária –, porque na prática a finalidade prevista pela Constituição de 1988 não seria atendida. Se as contribuições sociais têm finalidade específica, isso implica a previsão orçamentária que deverá destinar ao mesmo fim colimado na Carta Maior as receitas decorrentes das contribuições, mesmo porque a lei orçamentária é somente o instrumento utilizado pelo Estado para atender às necessidades públicas.

Além dessa interferência direta, o reconhecimento do conteúdo finalístico das contribuições traz outras conseqüências para o Direito Financeiro. É o que segue explicitado.

1.5.2. A vinculação da receita das contribuições à espécie de orçamento

Importa realçar que a vinculação da receita das contribuições no orçamento público não decorre apenas do disposto no art. 149 da Constituição Federal e do citado parágrafo único do art. 8º da LC nº 101/00, mas tem respaldo, inclusive, no art. 165, § 5º, da Carta Constitucional.

Verifica-se, a partir do art. 165, § 5º, da Constituição Federal, que existem três espécies de orçamento da União, a saber: o orçamento fiscal, referente aos Poderes da União, seus fundos, órgãos e entidades da administração direta e indireta, inclusive fundações instituídas e mantidas pelo Poder Público; o orçamento das sociedades de economia mista; e o orçamento da seguridade social.

A citada regra constitucional de direito orçamentário repercute diretamente sobre as contribuições, visto que a receita tributária delas decorrente somente poderá ser direcionada para o orçamento fiscal ou o da seguridade social, ficando afastada a possibilidade de o recurso ser encaminhado para o orçamento das sociedades de economia mista, "por incompatibilidade entre o tipo de receita (tributária) auferida e a natureza da pessoa jurídica relacionada ao orçamento".[44]

1.5.3. Da limitação da reserva de contingência da lei orçamentária

Conforme previsto no art. 5º, inc. II, da LC 101/00, a lei orçamentária anual "conterá reserva de contingência, cuja forma de utilização e o montante, definidos, com base na receita líquida, serão estabelecidos na lei de

---

[44] PIMENTA, Paulo Roberto Lyrio. Normas de Competência e o Controle de Validade da Norma Impositiva Tributária. In: *Segurança Jurídica na Tributação e Estado de Direito*. São Paulo: Noeses, 2005, p. 848.

diretrizes orçamentárias", devendo ser destinada "ao atendimento de passivos contingentes e eventos fiscais imprevistos".[45]

Diante desta norma orçamentária, questiona-se: pode a lei complementar contingenciar recursos provenientes das contribuições sociais? Poderia a lei orçamentária direcionar os recursos provenientes da arrecadação de contribuições para reserva de contigência com a finalidade de atender a passivos contingentes ou eventos fiscais imprevistos? Para responder a esse questionamento, alguns aspectos do dispositivo legal merecem ser apreciados.

Quando o citado dispositivo prevê a reserva de contingência, prescreve que o seu montante será definido com base na receita líquida que, para os efeitos da citada Lei, corresponde ao "somatório das receitas tributárias, de contribuições patrimoniais, industriais, agropecuárias, de serviços, transferências correntes e outras receitas também correntes" (art. 2º, IV, da LC 101/00). Entretanto, o próprio dispositivo legal determina a dedução dos seguintes recursos: a) na União, os valores transferidos aos Estados e Municípios por determinação constitucional ou legal, e as contribuições mencionadas na alínea *a* do inciso I e no inciso II do art. 195, e no art. 239 da Constituição; b) nos Estados, as parcelas entregues aos Municípios por determinação constitucional; c) na União, nos Estados e nos Municípios, a contribuição dos servidores para o custeio do seu sistema de previdência e assistência social e as receitas provenientes da compensação financeira citada no § 9º do art. 201 da Constituição.

Como se vê, a referida Lei Complementar excluiu da reserva de contingência a receita decorrente das contribuições previstas pelos arts. 195, 239, e das contribuições sociais destinadas à previdência e assistência social da União, dos Estados e dos Municípios. Contudo, omitiu-se a respeito da exclusão do produto da arrecadação de outras contribuições sociais, contribuições de intervenção no domínio econômico e de interesse das categorias profissionais e econômicas, previstas pelo art. 149 da Constituição Federal.

Se claro está ao legislador que é vedada a previsão da reserva de contingência baseada em recursos auferidos daquelas contribuições sociais, o mesmo não se pode afirmar em relação às outras contribuições disciplinadas pelo art. 149 da CF/88, se adotado somente o que estabelece a norma de Direito Financeiro infraconstitucional.

Nesta hipótese, mais uma vez, se faz imprescindível a reaproximação do Financeiro com o Tributário, sempre com o fim de realizar uma interpretação sistemática condizente com a unidade do Direito.

---

[45] BRASIL. *Constituição Federal (1988)*. Disponível em: <http://www.planalto.gov.br>. Acesso em: 5 fev. 2006.

Partindo da premissa acima assentada, de que a norma constitucional de competência tributária – a qual estabelece finalidade específica das contribuições – vincula tanto a norma de instituição do tributo, quanto à lei orçamentária, tem-se que é vedado, também, ao legislador prever como reserva de contingência receita arrecadada com as contribuições de intervenção ao domínio econômico e de interesse das categorias profissionais e econômicas.

Esta interpretação não demanda maiores esforços exegéticos, tendo em vista que se a Constituição previu a instituição de contribuições como instrumento de atuação em áreas específicas, o desvio de seus recursos para reserva de contingência, afigura-se absolutamente inconstitucional, porque o desvio de finalidade ou tredestinação vicia a própria norma tributária instituidora do tributo.

A propósito, em recente decisão o Supremo Tribunal Federal, modificando o seu entendimento anterior,[46] admitiu Ação Direta de Inconstitucionalidade nº 2925-DF contra Lei Orçamentária da União (Lei 10.640/03), cujo art. 4º autorizava a abertura de créditos suplementares com recursos provenientes de: anulação parcial de dotações, reserva de contingência e excesso de arrecadação de receitas diretamente arrecadadas.

Sob o argumento de que o referido dispositivo legal contraria o art. 177, § 4º, da Constituição Federal, a Confederação Nacional do Transporte – CNT – interpôs a citada ADIN, com o objetivo específico de evitar que os recursos da contribuição de intervenção no setor de Combustíveis – CIDE combustíveis – fossem desviados do destino preconizado pela Carta Maior, a saber: o pagamento de subsídios a preços ou transporte de álcool combustível, gás natural e seus derivados e derivados de petróleo;[47] ao financiamento de projetos ambientais relacionados com a indústria do petróleo e do gás;[48] e ao financiamento de programas de infra-estrutura de transportes.

Considerando que a referida Lei Orçamentária não distinguiu a receita vinculada da não-vinculada, os senhores Ministros, por maioria, entenderam que a referida Lei Orçamentária possibilitaria ao Governo gastar o produto

---

[46] Em reiteradas decisões o Supremo Tribunal Federal não conheceu de Ação Direta de Inconstitucionalidade proposta contra lei orçamentária sob o argumento de que a lei orçamentária era lei apenas em sentido formal, mas sobretudo um ato político administrativo de efeito concreto, conforme exemplarmente se verifica da decisão proferida no julgamento das ADin nº 1640, onde restou consignado que "não se pretende a suspensão cautelar nem a declaração final de inconstitucionalidade de uma norma, e sim de uma destinação de recursos, prevista em lei formal, mas de natureza e efeitos político-administrativos concretos, hipótese em que, na conformidade dos precedentes da Corte, descabe o controle concentrado de constitucionalidade como previsto no art. 102, I, a, da Constituição Federal, pois ali se exige que se trate de ato normativo. Precedentes." BRASIL. *Ação Direta de Inconstitucionalidade n. 1640.* Disponível em: <http// o www.stf.gov.br>. Acesso em: 10 maio 2006.

[47] Incluído pela Emenda Constitucional nº 33, de 2001. Disponível em: <http//www.planalto.gov.br>.

[48] Incluído pela Emenda Constitucional nº 33, de 2001. Disponível em: <http//www.planalto.gov.br>. Acesso em: 10 abr. 2006.

da arrecadação da CIDE fora das hipóteses estabelecidas pela Constituição Federal, razão pela qual julgaram procedente em parte a ADIN nº 2925-DF, para dar interpretação conforme a Constituição, no sentido de que a abertura de crédito suplementar deve ser destinada às três finalidades enumeradas no art. 177, § 4º, inciso II, *a*, *b*, *c*, da Constituição Federal. Eis o teor da ementa que sintetiza o conteúdo da decisão:

> PROCESSO OBJETIVO – AÇÃO DIRETA DE INCONSTITUCIONALIDADE – LEI ORÇAMENTÁRIA. Mostra-se adequado o controle concentrado de constitucionalidade quando a lei orçamentária revela contornos abstratos e autônomos, em abandono ao campo da eficácia concreta. LEI ORÇAMENTÁRIA – CONTRIBUIÇÃO DE INTERVENÇÃO NO DOMÍNIO ECONÔMICO – IMPORTAÇÃO E COMERCIALIZAÇÃO DE PETRÓLEO E DERIVADOS, GÁS NATURAL E DERIVADOS E ÁLCOOL COMBUSTÍVEL – CIDE – DESTINAÇÃO – ARTIGO 177, § 4º, DA CONSTITUIÇÃO FEDERAL. É inconstitucional interpretação da Lei Orçamentária nº 10.640, de 14 de janeiro de 2003, que implique abertura de crédito suplementar em rubrica estranha à destinação do que arrecadado a partir do disposto no § 4º do artigo 177 da Constituição Federal, ante a natureza exaustiva das alíneas "a", "b" e "c" do inciso II do citado parágrafo.[49]

Esse novel entendimento da Corte Suprema representa uma grande evolução no trato da matéria, principalmente sob dois aspectos. Primeiro, porque afastou a vestuta posição, até então pacificada, da impossibilidade do controle concentrado de constitucionalidade das normas contidas na lei orçamentária. Segundo, porque está fundado na idéia de que as contribuições têm como característica a sua finalidade, não podendo ter sua destinação desviada para outro fim, inclusive pela lei orçamentária.

Em última análise, essa decisão do STF reforça a posição defendida pelos autores antes citados, porque reconhece a relevância da destinação das contribuições não só para o Direito Financeiro, mas principalmente para o Direito Tributário, ao impedir que os recursos advindos da CIDE – combustíveis fossem desviados para outra finalidade que não aquela pressuposta pela norma instituidora do tributo.

No entanto, por sua indiscutível relevância para o presente trabalho, a posição do STF voltará a ser examinada no capítulo V de modo mais amplo, sobretudo em relação ao limite de atuação do Poder Judiciário quando decide sobre ato de conteúdo eminentemente político, como é o orçamento.

---

[49] BRASIL. Ação Direta de Inconstitucionalidade n. 2925-DF. Relator Ministro Marco Aurélio. D.J. 04.03.05. Disponível em: <http//www.stf.gov.br>. Acesso em: 5 maio 2006.

Capítulo II

A Influência das transformações do direito tributário na classificação das espécies tributárias

2.1. As transformações do direito tributário inauguradas pela Constituição Federal de 1988

A nossa atual Constituição Federal traça com cores fortes os contornos do Estado Social, visto que estabeleceu como objetivos fundamentais do Estado Democrático de Direito Brasileiro a construção de uma sociedade livre, justa e solidária, a garantia do desenvolvimento nacional, a erradicação da pobreza e marginalização, e a redução das desigualdades sociais e regionais; a promoção do bem de todos, sem preconceito de origem, raça, sexo, cor, idade e quaisquer outras formas de discriminação (art. 3º da CF/88).

Importa realçar que, desde a Constituição de 1934, houve a inserção de uma nova corrente de princípios que ressaltavam o aspecto social do Estado. Especificamente na Carta de 1946 foi inserido um capítulo dedicado à ordem econômica e social, com a previsão para instituição de contribuição, de empregadores e empregados, em favor da maternidade e contra as conseqüências da doença, da velhice e da morte (art. 157, XVI). Contudo, somente após o longo período de retrocesso decorrente de duas ditaduras é que a concepção do Estado Social se materializou na Carta de 1988, a qual é considerada por Paulo Bonavides, "em muitas de suas dimensões essenciais uma Constituição do Estado Social".[50]

Além de traçar as diretrizes a serem seguidas, a atual Constituição deu prosseguimento ao processo de constitucionalização dos direitos fundamentais, sobretudo em relação aos direitos sociais,[51] que foram consideravelmente ampliados, de modo a garantir condições mínimas para a existência digna da pessoa humana.

Em sua maioria, os direitos sociais visam à concretização da igualdade material, reclamando uma atuação positiva do Estado para sua realização, razão pela qual o legislador constituinte de 1988 não se absteve

---

[50] BONAVIDES, Paulo. *Curso de Direito Constitucional*. São Paulo: Malheiros, 2004, p. 371.

[51] Segundo o art. 6º da Constituição Federal: "São direitos sociais a educação, a saúde, o trabalho, a moradia, o lazer, a segurança, a previdência social, a proteção à maternidade e infância, a assistência aos desamparados, na forma desta Constituição". Disponível em: <http//www.planalto.gov.br>. Acesso em: 5 fev. 2006.

quanto à previsão de instrumentos materiais e processuais para assegurar a concretização desses direitos.[52]

Dentre os instrumentos criados, destaca-se a norma do § 1º do art. 5º, que estabelece a aplicação imediata dos direitos fundamentais, o que assegura um mínimo de eficácia independentemente do grau de densidade normativa do direito positivado, como será detalhado no capítulo IV.

Outra garantia constitucional é o sistema de controle de constitucionalidade das leis, que foi ampliado com a inserção, no controle concentrado de constitucionalidade, da Argüição de Descumprimento de Preceito Fundamental, que serve de mecanismo de controle de qualquer ato ou omissão do poder público relativo aos direitos fundamentais.

Por fim, importa destacar a inserção pela Constituição Federal de 1988, no Capítulo do Sistema Tributário Nacional, das contribuições sociais, de intervenção no domínio econômico e de interesse das categorias profissionais ou econômicas, como instrumento de atuação do Estado nas respectivas áreas (art. 149 da CF/88). Ou seja, as contribuições sociais foram criadas para financiar os direitos sociais e, em conseqüência, garantir a efetivação desses direitos.

Em suma, a Constituição Federal de 1988 objetivou garantir não somente a eficácia dos direitos sociais no plano normativo e processual, mas principalmente no plano material, quando estabeleceu que "compete exclusivamente à União instituir contribuições sociais, de intervenção no domínio econômico e de interesse das categorias profissionais e econômicas, como instrumento de sua atuação nas respectivas áreas [...]". Ou seja, as contribuições foram criadas para garantir os recursos materiais indispensáveis à atividade do Estado naquelas áreas específicas, dentre elas a social. Em outros termos, a partir da Carta de 1988, "os poderes conferidos ao Estado devem ser vistos como instrumentos para o alcance de suas finalidades constitucionalizadas".[53]

Desse modo, o ponto de partida para a análise e interpretação das contribuições está na própria Constituição Federal de 1988, que estabelece os princípios, os limites de tributação, as competências tributárias.[54] Como

---

[52] Conforme destaca Paulo Bonavides, "por esse aspecto muito se avançou o Estado Social da Carta de 1988, com o mandado de injunção, o mandado de segurança coletivo e a inconstitucionalidade por omissão. O Estado social brasileiro é portanto de terceira geração, em face desses aperfeiçoamentos: um Estado que não concede apenas direitos sociais básicos, mas os garante". BONAVIDES, Paulo. *Curso de Direito Constitucional*. São Paulo: Malheiros, 2004, p. 373.

[53] SILVEIRA, Giovana Faza. As Contribuições Sociais no Contexto do Estado Democrático de Direito e o Problema da Desvinculação do Produto Arrecadado. *Revista Dialética de Direito Tributário*, São Paulo, Dialética, n. 105, set., 2004, p. 36.

[54] Conforme define Roque Carraza: "Competência Tributária é a habilitação ou , se preferirmos, a faculdade potencial que a Constituição confere a determinadas pessoas (as pessoas jurídicas de direito público interno), para que, por meio de lei, tributem." CARRAZA, Roque Antônio. *Curso de Direito Constitucional Tributário*. São Paulo: Malheiros, 1997, p. 290.

acentua José Eduardo Soares, "toda estrutura jurídica deve assentar-se nos postulados da Constituição, razão pela qual compreendo que o estudo versando sobre 'contribuições sociais' deva considerar, fundamentalmente, os lindes constitucionais".[55] No mesmo sentido, Roque Carraza assevera que "a Constituição Federal, no Brasil, é a lei tributária fundamental, por conter as diretrizes básicas aplicáveis a todos tributos".[56]

Observe-se, contudo, que a Constituição Federal não cria tributos, mas outorga competências aos entes federativos, que poderão exercitá-las criando tributos dentro da forma e limites materiais estipulados na própria norma de competência.

Se antes da Constituição Federal de 1988, a tônica da discussão em torno das contribuições dizia respeito a sua natureza jurídica, na atualidade, sendo reconhecida pela maioria dos doutrinadores e pelo Supremo Tribunal Federal[57] a natureza tributária das contribuições, a atenção dos estudiosos do direito se voltou para a análise da norma de competência tributária das contribuições, que diferentemente dos impostos e taxas, não se refere à materialidade da hipótese de incidência, mas tão-somente às finalidades que autorizam a sua instituição.

Nesse contexto, conforme explicitado no capítulo anterior, não se pode mais tratar o Direito Financeiro e o Direito Tributário como partes independentes e autônomas do Direto, ao contrário, em face desta vinculação finalística das contribuições faz-se necessário o controle do gasto desses recursos, o que é realizado pelo Direito Financeiro, mediante a lei orçamentária.[58] Sem esse efetivo controle, a contribuição pode ser desviada para outra finalidade, não atendendo, portanto, ao desígnio constitucional.

A vinculação finalística das contribuições tem reflexos diretos para o Direito Financeiro, basta compararmos o texto da Constituição anterior e o da atual em relação ao princípio da não-afetação das receitas a órgão, fundo ou despesa. De acordo com a Constituição Federal de 1967,[59] era vedada a vinculação do produto da arrecadação de qualquer tributo a determinado

---

[55] MELO. José Eduardo Soares. *Contribuições Sociais no Sistema Tributário*. São Paulo: Malheiros, 2003, p. 15.

[56] CARRAZA, Roque Antônio. *Curso de Direito Constitucional Tributário*. São Paulo: Malheiros, 1997, p. 287.

[57] A natureza tributária das contribuições foi reconhecida pelo Pleno do STF no julgamento do RE nº 146.722-9, em 19.6.1992, que tratou da contribuição social sobre o lucro. Ainda de acordo com o STF, a contribuição confederativa não tem caráter tributário, tendo em vista que não é compulsória para os empregados não sindicalizados, em razão do que não é necessária a edição de lei para fixá-la, mas apenas resolução da assembléia-geral, uma vez que se distingue da contribuição sindical de interesse das categorias profissionais, de natureza tributária, prevista no art. 149 da Constituição (RE nº 198.092-3, RE nº 191. 022-4).

[58] A referência à lei orçamentária será sempre utilizada como gênero, tendo em vista que o orçamento é composto por três leis: lei do plano plurianual (LPP), lei de diretrizes orçamentárias (LDO), lei orçamentária anual (LOA).

[59] Alterada pela EC nº 1/1969. Disponível em: <http//www.planalto.gov.br>.

órgão, fundo ou despesa (art. 62, § 2º).[60] Já a Constituição Federal de 1988, em seu art. 167, IV, refere-se à vedação de vinculação da receita de impostos, não de tributos. Essa alteração pode parecer singela, contudo, como adverte Fernando Facury Scaff, "o fato é que a interpretação que vem sendo efetuada a este artigo não efetua a distinção acima mencionada".[61]

Tem razão o autor; a referida modificação do texto constitucional não se reduz a uma única palavra, mas tem relevância direta para o estudo das contribuições, uma vez que se a vedação à vinculação da receita se refere somente aos impostos, fazendo leitura invertida da norma, pode-se deduzir que as demais espécies tributárias, dentre elas as contribuições, devem estar afetadas a fundo, órgão ou despesa na lei orçamentária. Significa dizer: os Poderes Executivo e Legislativo, na elaboração do orçamento, somente poderão dispor da receita tributária decorrente dos impostos, não da receita decorrente das outras espécies tributárias, especialmente das contribuições, porque possuem destinação específica. Outra não pode ser a exegese do dispositivo constitucional, vez que somente a interpretação do dispositivo como veiculador do Princípio da Afetação das contribuições se harmoniza com o disposto no art. 149 da CF/88.

Forte na convicção de que "a tributação é parte integrante da atividade financeira do Estado, devendo, portanto, ser estudada não como um compartimento estanque, mas em consonância com as normas jurídicas que integram o direito Financeiro",[62] Wether Spagnol defende a existência do que denomina de "binômio ingressos-gastos públicos", que seria a relação de interdependência entre ingressos e gastos públicos, uma conexão entre tributos e gastos públicos fundada em um critério teleológico: a finalidade das normas e o interesse juridicamente protegido.

Esse binômio ingressos-gastos públicos é notável no caso das contribuições, visto que a finalidade da norma contida no art. 149 da CF/88 é clara: instituir contribuições para o Estado atuar nas áreas social, de intervenção no domínio econômico, e de interesse de categoria profissional e econômica. Do mesmo modo, é evidente o interesse juridicamente protegido, eis que as contribuições foram concebidas como instrumento material para a efetivação dos direitos relativos às áreas de atuação indicadas no texto constitucional.

---

[60] Cuja redação era a seguinte: § 2º Ressalvados os impostos mencionados nos itens VIII e IX do artigo 21 e as disposições desta Constituição e de leis complementares, é vedada a vinculação do produto da arrecadação de qualquer tributo a determinado órgão, fundo ou despesa. A lei poderá, todavia, estabelecer que a arrecadação parcial ou total de certos tributos constitua receita do orçamento capital, proibida sua aplicação no custeio de despesas correntes. Disponível em: <http//www.planalto.gov.br>.

[61] SCAFF, Fernando Facury. As Contribuições Sociais e o Princípio da Afetação. *Revista Dialética de Direito Tributário*, São Paulo, n. 98, nov., 2003, p. 50.

[62] SPAGNOL, Werther Botelho. *As Contribuições Sociais no Direito Brasileiro*. Rio de Janeiro: Forense, 2002, p. 40.

Como se observa com a inserção das contribuições na atual Constituição, não há como o aplicador do direito separar o tributário do financeiro. Isso porque, apesar da identificação da finalidade no texto constitucional, a etapa final de concretização em que os recursos decorrentes das contribuições são efetivamente alocados para itens de despesa é função precípua do orçamento.[63] Assim, a realização da finalidade objetivada pelo legislador depende do controle da destinação dos recursos provenientes das contribuições, que se realiza por intermédio do orçamento, instrumento político de controle das despesas e gastos públicos. Essa inter-relação entre o financeiro e o tributário é absolutamente necessária para evitar o desvio da arrecadação e, em última análise, preservar a garantia material prevista pela Carta de 1988.

Por outro lado, a Constituição Federal de 1988 dá novos contornos à tributação, porque acentuou o aspecto extrafiscal[64] do tributo, na medida em que o objetivo primário das contribuições não é exclusivamente arrecadar recursos para atender às despesas gerais do Estado, como ocorre com os impostos, mas o atendimento de finalidades específicas nas áreas social, política ou econômica.

A tributação assume, portanto, a função de financiar a atuação do Estado interventor na área social e econômica, uma vez que a Constituição permite a criação de tributos específicos para esse mister, que se legitimam em razão dessa função, e não da necessidade de atender a gastos públicos genéricos.[65]

Desta forma, em face da previsão constitucional das contribuições vinculadas a fins determinados, as tradicionais classificações das espécies tributárias baseadas tão-somente na materialidade da hipótese de incidência dos tributos não se ajustam a essa nova realidade, devendo ser repensadas diante da norma de estrutura das contribuições que se distinguem dos demais tributos em razão da vinculação finalística. É, portanto, sob essa nova perspectiva fundada no direito constitucional vigente que pretendemos es-

---

[63] GRECO, Marco Aurélio. A Destinação dos Recursos Decorrentes da Contribuição de Intervenção ao domínio Econômico – Cide sobre Combustíveis. *Revista Dialética de Direito Tributário*, São Paulo, n. 104, maio, 2004, p. 126.

[64] Como elucida Carvalho: "Fala-se em fiscalidade sempre que a organização jurídica do tributo denuncie que os objetivos que presidiram sua instituição, ou que governam certos aspectos da sua estrutura, estejam voltados ao fim exclusivo de abastecer os cofres públicos, sem que outros interesses – sociais, políticos ou econômicos – interfiram no direcionamento da atividade impositiva. A experiência jurídica nos mostra, porém, que vezes sem conta a compostura do legislação de um tributo vem pontilhada de inequívocas providências no sentido de prestigiar certas situações, tidas como social, política ou economicamente valiosas, às quais o legislador dispensa tratamento mais confortável ou menos gravoso. A essa forma de manejar elementos jurídicos usados na configuração dos tributos, perseguindo objetivos alheios ao meramente arrecadatórios, dá-se o nome de extrafiscalidade." CARVALHO, Paulo de Barros. *Curso de Direito Tributário*. São Paulo: Saraiva, 2000, p. 228/229.

[65] Nesse sentido, ver: SPAGNOL, Werther Botelho. *As Contribuições Sociais no Direito Brasileiro*. Rio de Janeiro: Forense, 2002, p. 74.

tudar as contribuições, trazendo à baila questões até então pacificadas na doutrina e na jurisprudência.

2.2. Do conceito de tributo como pressuposto lógico à classificação das contribuições

Se pretendemos classificar as contribuições como espécie tributária prevista pelo sistema tributário nacional inaugurado com a Constituição Federal de 1988, não podemos descuidar do conceito de tributo.

Os conceitos jurídicos, como bem distingue Manuel Terán,[66] podem ser separados em duas classes: a) a dos lógico-jurídicos; b) a dos jurídico-positivos. Os primeiros têm o mesmo conteúdo onde quer que apareçam, porquanto decorrem da apreensão de realidade jurídica genérica, integrando o plano sintático da linguagem. São conceitos lógico-jurídicos, exemplificadamente: relação jurídica, direito subjetivo. Os segundos são construídos por cada sistema jurídico-positivo, freqüentam os planos semântico e pragmático da linguagem jurídica, como por exemplo, os conceitos de tributo, de compra e venda, de furto etc. Vale conferir as palavras do próprio autor:

> En conclusión: uno es el plano de los conceptos jurídicos-positivos y otro el plano de las nociones o fundamentos lógico-jurídicas. Los conceptos jurídico-positivos tienen un ángulo equivalente al de la positividad del derecho concreto que los ha comprendido y implantado, en tanto que los fundamentos lógicos pretenden tener una validez común y universal para todo sistema jurídico y, por lo tanto, para toda conceptuación jurídica.[67]

De certo, o conceito de tributo é conceito que se insere na categoria dos jurídico-positivos, isto porque é criação do ordenamento jurídico, o qual estabelece as características e propriedades do tributo. Assim, para apreendê-lo em todo o seu significado, indispensável analisar o sistema jurídico positivo como um todo, mas sempre partindo da nossa Lei Maior, a Constituição Federal.

Neste sentido, já afirmava Geraldo Ataliba: "constrói-se o conceito jurídico-positivo de tributo pela observação e análise das normas jurídicas constitucionais".[68] Significa dizer: o conceito de tributo deve ser deduzido

---

[66] TERAN, Juan Manuel. *Filosofia Del Derecho*. México: Editorial Porrúa, 1998, p. 81/83.

[67] Idem, ibidem, p. 82. Tradução livre: "Em conclusão: um é o plano dos conceitos jurídico-positivos e outro é o plano das noções ou fundamentos lógico-jurídicos. Os conceitos jurídico-positivos têm um ângulo equivalente ao da positividade do direito concreto que os há compreendido e implantado, tanto que os fundamentos lógicos pretendem ter uma validade comum e universal para todo sistema jurídico e, portanto, para toda concepção jurídica".

[68] Para o autor, "Em contraste com os sistemas constitucionais tributários francês, italiano ou norte-americano, por exemplo, o constituinte brasileiro esgotou a disciplina da matéria tributária, deixando à lei, simplesmente, a função regulamentar. Nenhum arbítrio, e limitadíssima esfera de discrição foi ou-

da observação das normas existentes no direito constitucional positivo, que direta ou indiretamente indiquem o conceito de tributo, tais como: as relativas às espécies tributárias, repartição de receitas tributárias, preços, multas, tarifas, dentre outras. Da leitura dos dispositivos constitucionais pode-se chegar ao conceito constitucional de tributo, como aquela prestação pecuniária, decorrente de lei (conforme estabelecem as normas de competência tributária e o Princípio da estrita Legalidade Tributária), que não constitui sanção de ato ilícito (porque não se confunde com multa), nem indenização pelo uso de bens públicos (tarifa). Fundado nessa idéia, o autor sugeriu duas acepções para o tributo:

> Como conceito básico, definimos tributo, instituto nuclear do direito tributário (entendido como sub-ramo do direito administrativo), como obrigação (relação jurídica). Juridicamente, define-se tributo como obrigação jurídica pecuniária, *ex lege*, que se não constitui em sanção de ato ilícito, cujo sujeito ativo é uma pessoa jurídica (ou delegado por lei desta) e, cujo sujeito passivo é alguém nessa situação posto pela vontade da lei, obedecidos os desígnios constitucionais (explícitos ou implícitos).[69]

Além disso, a própria Constituição Federal, em seu art. 146, inc. III, delega à lei complementar a função de "estabelecer normas gerais em matéria de legislação tributária, especialmente sobre: a) definição de tributos e de suas espécies [...]", o que leva à compreensão de que "tributo é o que o Código Tributário diz que é".[70]

Nos termos do art. 3º do Código Tributário Nacional – recepcionado pela Carta Magna como lei complementar –, "Tributo é toda prestação pecuniária compulsória, em moeda ou cujo valor nela se possa exprimir, que não constitua sanção de ato ilícito, instituída em lei e cobrada mediante atividade administrativa plenamente vinculada".[71] Mesmo não sendo função da lei definir conceitos, entendemos que esse conceito legal está em consonância com o delineamento constitucional.

Contudo, se o conceito de tributo deve ser construído a partir de todo sistema jurídico, não se pode olvidar da definição de Direito Financeiro dada pelo art. 9º da Lei 4.320/64, que assim prescreve:

> Tributo é a receita derivada instituída pelas entidades de direito publico, compreendendo os impostos, as taxas e contribuições nos termos da Constituição e das leis vigentes em matéria

---

torgada ao legislador ordinário. A matéria tributária é exaustivamente tratada pela nossa Constituição, sendo o nosso sistema tributário todo moldado pelo próprio constituinte, que não abriu à lei a menor possibilidade de criar coisa alguma – se não expressamente prevista – ou mesmo introduzir variações, não prévia e explicitamente, contempladas". ATALIBA, Geraldo. *Sistema Constitucional Tributário Brasileiro*. São Paulo: Revista dos Tribunais, 1968, p. 32.

[69] ATALIBA, Geraldo. *Hipótese de Incidência Tributária*. 5. ed. São Paulo: Malheiros, 1998, p. 32.

[70] Conforme ÁVILA, Humberto. Contribuições na Constituição Federal de 1988. In: *Contribuições no Sistema Tributário Brasileiro*. Coordenação de Hugo de Brito Machado. São Paulo: Dialética, 2003, p. 315.

[71] BRASIL. Constituição Federal (1988) Disponível em: <http//www.planalto.gov.br>. Acesso em: 3 mar. 2006.

financeira, destinando-se o seu produto ao custeio de atividades gerais ou específicas exercidas por essas entidades.[72]

As definições dadas pelo CTN e pela Lei 4.320/64 partem de perspectivas diferentes. Enquanto a norma do art. 3º do CTN trata apenas do tributo como receita, o art. 9º da citada Lei define tributo como fonte de "custeio de atividades gerais e específicas" exercidas pelo poder público.

Como se verifica, os conceitos legais acima destacados se complementam, porque não se concebe tributo senão como receita destinada ao custeio da atuação estatal. Apesar disso, raras são as referências ao conceito de Direito Financeiro, utilizando os autores, de um modo geral, o conceito legal estabelecido pelo Código Tributário Nacional, mesmo fazendo algumas ressalvas.

Segundo Luciano Amaro, a definição do art. 3º do CTN não é precisa, seja porque utiliza expressões impróprias ou redundantes, seja porque não faz menção ao credor do tributo.[73] Em razão disso, o autor propõe a seguinte definição: "tributo é a prestação pecuniária não sancionatória de ato ilícito, instituída em lei e devida ao Estado ou a entidades não estatais de fins de interesse Público".[74]

Já José Eduardo Soares, pretendendo abranger os traços definidos pela Constituição Federal, conceitua tributo como "receita pública derivada, de caráter compulsório, prevista em lei e devida de conformidade com as materialidades e respectivas competências constitucionais e pautada por princípios conformadores de peculiar regime tributário".[75]

Na visão crítica de Paulo de Barros Carvalho, a partir do direito positivo, das lições da doutrina e da jurisprudência, é possível encontrar seis significações diversas para o vocábulo tributo: a) "tributo" como quantia em dinheiro; b) "tributo" como prestação correspondente ao dever jurídico do sujeito passivo; c) "tributo" como direito subjetivo de que é titular o sujeito ativo; d) "tributo" como sinônimo de relação jurídica tributária; e)

---

[72] BRASIL. Constituição Federal (1988) Disponível em: <http//www.planalto.gov.br>. Acesso em: 3 mar. 2006.

[73] Segundo o autor, na definição de tributo posta pelo art. 3º do CTN, a expressão "prestação pecuniária, em moeda ou cujo valor nela se possa exprimir" é redundante, porque faz supor que "o tributo possa ser: a) uma prestação pecuniária em moeda, ou b) uma prestação pecuniária cujo valor se possa exprimir em moeda, o que, aliás, traduz dupla redundância". Critica, ainda, o autor a expressão "prestação compulsória", porque não só o tributo é compulsório, mas todas as prestações jurídicas, visto que o devedor não as efetua porque quer, mas sim porque deve fazê-lo sob pena de sujeitar-se à constrição judicial. Ressalta, também, que o conceito deveria indicar o credor da prestação pecuniária, a fim de evitar confusão com outras obrigações impostas pela lei. AMARO, Luciano. *Direito Tributário Brasileiro*. 4. ed. São Paulo: Saraiva, 1999, p. 19-22.

[74] AMARO, Luciano. *Direito Tributário Brasileiro*. 4. ed. São Paulo: Saraiva, 1999, p. 19-22.

[75] MELO, José Eduardo Soares de. *As Contribuições Sociais no Sistema Tributário*. São Paulo: Malheiros, 2000, p. 18.

"tributo" como norma jurídica tributária; f) "tributo" como norma, fato e relação jurídica.[76]

Enaltecendo a perfeição do conceito de tributo no sistema brasileiro, Sacha Calmon compreende o tributo em sua forma estática e dinâmica, valendo a transcrição do conceito formulado pelo autor:

> Isto posto, o tributo ou a relação jurídico-tributária é *ex lege* e nasce de um fato antes previsto pelo legislador, desde que este fato ocorra no mundo fenomênico. Por isso mesmo em nossa terminologia jurídica positiva a expressão "fato gerador do tributo" possui duplo sentido (polissemia). Há o fato gerador em abstrato, como hipótese ('Todo aquele que possuir automóvel deve pagar IPVA').
> E há fato gerador como situação jurídica caracterizada, isto é, que já ocorreu no mundo fenomênico, apropositando a incidência do prescritor da norma (...). Há que distinguir, portanto, o fato gerador em abstrato e o fato gerador em concreto.[77]

Em que pesem as diversas significações, entendemos que a definição de tributo deve resultar do somatório processado entre os conceitos legais estabelecidos pelo art. 3º do Código Tributário Nacional e pelo art. 9º da Lei 4.320/64, que, em consonância com as normas jurídicas constitucionais, dão idéia de que tributo é toda prestação pecuniária instituída em lei, que não constitui sanção de ato ilícito, destinada ao custeio das atividades, gerais ou específicas, exercidas pelo Estado.

2.3. Da relevância da classificação dos tributos

Antes de discorrermos sobre as teorias de classificação das espécies tributárias, cumpre realçar a sua importância não só para o estudo do Direito Tributário, mas, em especial, para os fins pretendidos neste trabalho.

Partindo da premissa de que duas coisas não são exatamente iguais em todos os aspectos, bem como que não são tão diferentes que não tenham alguma característica comum, John Hospers[78] demonstra que sempre será possível classificar as coisas em classes, seja utilizando as características que as diferem, seja fazendo uso das características em comum. O ato de classificar é, pois, o ato de dividir um conjunto de objetos que possuem o mesmo atributo em classes coordenadas ou subordinadas, segundo critérios preestabelecidos. Decorre de procedimento lógico mediante o qual são individualizados em grupos o gênero e as espécies, que diferenciando-se uma das outras em um mesmo gênero, o que se denomina "diferença es-

---

[76] CARVALHO, Paulo de Barros. *Curso de Direito Tributário*. São Paulo: Saraiva, 2000, p. 19.
[77] COÊLHO, Sacha Calmon Navarro. *Curso de Direito Tributário Brasileiro*. Rio de Janeiro: Forense, 1999, p. 381.
[78] HOSPERS, John. *Introducción a Análisis Filosófico*. 2. ed. Madrid: Alianza Universidad, 1984, p. 65-66.

pecífica", definida por Paulo de Barros Carvalho como "o nome que se dá ao conjunto de qualidades que acrescentam ao gênero para a determinação da espécie, de tal modo que é lícito anunciar: a (E) espécie é igual ao (G) gênero específico mais a (De) diferença específica (E= G + De)".[79]

Para Eduardo Soares, "a importância das classificações reside, sobretudo, na utilidade, na fixação de critérios seguros e uniformes para interpretar e aplicar as regras de cada tipo tributário, consoante seu peculiar regime tributário".[80] Não é diferente o pensamento de Geraldo Ataliba, para quem, "no Brasil, é de fundamental importância proceder com rigor à tarefa de identificar as peculiaridades de cada espécie, porque há rigidez do sistema constitucional tributário".[81]

Em face da divisão de competências entre os entes federativos estabelecida pela Constituição Federal de 1988, a identificação precisa das espécies tributárias importa para determinar o regime jurídico aplicável, vez que, a depender da espécie, a Constituição Federal estabelece, de modo diverso, normas sobre competência, incidência, discriminação de rendas, limitações ao poder de tributar, dentre outras.[82] Em outras palavras, conforme um tributo se insira em uma ou outra espécie, as conseqüências são diferentes em decorrência do regime jurídico ao qual está submetido.

A classificação dos tributos em espécies faz-se necessária em função da própria forma federativa do Estado Brasileiro, em que os entes federativos têm autonomia financeira, razão pela qual Aliomar Baleeiro destacou a importância política da distinção entre impostos e taxas, aduzindo o seguinte:

> Se o conceito de taxa, expressamente previsto no art. 18, I, da Constituição não for fielmente acatado pelos legisladores e tribunais, arruinar-se-á o sistema de separação de receitas que o constituinte delineou no propósito de assegurar a autonomia dos Estados e Municípios e também garantir os indivíduos contra as bitributações que infernam a vida dos contribuintes norte-americanos.[83]

Desta análise não se afastou Tácio Gama, ao ressaltar que, "além de exibir efeitos prescritivos e outorgar regimes jurídicos diversos segundo a espécie tributária, a classificação constitucional dos tributos atua como

---

[79] CARVALHO, Paulo de Barros. IPI – Comentários sobre as Regras de Interpretação da Tabela NBM/SH (TIPI/TAB), *Revista Dialética de Direito Tributário*, São Paulo, Dialética, n. 12, 1996, p. 54.

[80] MELO, José Eduardo Soares de. *As Contribuições Sociais no Sistema Tributário*. 4 ed. São Paulo: Malheiros, 2000, p. 98.

[81] ATALIBA, Geraldo. *Hipótese de Incidência Tributária*. 5. ed. São Paulo: Malheiros, 1998, p. 110.

[82] Neste sentido explicita CARRAZA, Roque Antônio. *Curso de Direito Constitucional Tributário*. 9 ed. São Paulo: Malheiros, 1997, p. 304, quando afirma que "fosse o Brasil um Estado Unitário e o trabalho de dividir os tributos em espécies e subespécies seria, provavelmente, inócuo, já que a função de criá-los pertenceria a um único Órgão Central que, obedecidos alguns poucos postulados, quase tudo poderia, em matéria de tributação".

[83] BALEEIRO, Aliomar. *Direito Tributário Brasileiro*. 10. ed. Rio de Janeiro: Forense, 1993, p. 332.

meio de repartição de competências tributárias",[84] que, como explicitado, somente se faz necessária em razão de o Brasil ser Estado Federativo, devendo ser os tributos divididos entre União, Estados, Distrito Federal e Municípios.

Dentro desse contexto, cumpre observar, ainda, que a classificação das espécies tributárias interferi, inclusive, no Direito Financeiro, vez que se o tributo for inserido na categoria de impostos sua receita será repartida entre os Estados e Municípios, nos termos dos arts. 157 a 159 da CF/88, e quando se tratar de contribuição terá toda a sua arrecadação vertida para a União.

Verificando-se, inequivocamente, que as contribuições são espécie do gênero tributo, porque nos termos do art. 149 da CF/88 é exação instituída por lei (portanto, compulsória), não sancionatória de ato ilícito, devemos proceder à inserção desse tributo em espécie, que a depender da existência de diferença específica, será espécie distinta das dos demais tributos indicados pelo art. 5º do CTN (impostos, taxas e contribuições de melhoria) e, em conseqüência, estará submetida a regime jurídico próprio.

Assim, devido à apontada relevância da classificação dos tributos, persiste na atualidade o debate entre os doutrinadores sobre a classificação das espécies tributárias no ordenamento jurídico brasileiro, sendo cada vez mais questionadas as tradicionais classificações baseadas na hipótese de incidência tributária, em face da regra de estrutura das contribuições, que em vez de tratarem da materialidade do tributo, estabelecem um fim a ser atendido pela exação.

Em outros termos, tendo em consideração que a classificação permite aferir o regime jurídico ao qual estão submetidas às contribuições, sem uma tomada de posição prévia a respeito dessa questão, fica comprometido o nosso entendimento a respeito do sentido da norma de competência que regula a criação das contribuições, em especial.

Entendendo-se que em toda classificação jurídica o primeiro dado jurídico a ser observado é a norma jurídica,[85] a classificação dos tributos somente é válida se partir da análise detalhada das normas tributárias em vigor, sobretudo das normas de competência tributária dispostas na Constituição Federal. De fato, todas as principais teorias de classificação do tributo a seguir detalhadas tiveram como ponto de partida o exame das normas constitucionais; o que as diferencia são os critérios adotados por cada uma delas.

---

[84] GAMA. Tácio Lacerda. *Contribuição de Intervenção no Domínio Econômico*. São Paulo: Quartier Latin, 2003, p. 96.
[85] CARRAZA, Roque Antônio. *Curso de Direito Constitucional Tributário*. São Paulo: Malheiros, 1997, p. 306.

2.4. Das teorias sobre a classificação dos tributos

2.4.1. Das teorias dicotômica e tricotômica

Toda classificação é realizada a partir de critérios que servem de elemento distintivo entre as classes ou grupos de um mesmo gênero. A diferença, portanto, entre as teorias classificatórias defendidas pelos autores reside no critério adotado na elaboração da classificação, razão pela qual Luciano Amaro afirma que "o grande divisor de águas das classificações doutrinárias está em que alguns autores escolhem uma única variável como elemento distintivo, enquanto outros optam por utilizar mais de uma variável".[86] Assim, se os autores adotam mais de um critério para classificar os tributos (fato gerador, destinação, restituibilidade etc.) irão encontrar mais ou menos espécies, a depender da maior ou menor especificidade dos critérios escolhidos.[87]

Ao adotar as classificações relacionais e intrínsecas, Eurico de Santi organizou em duas classes os critérios classificatórios dos tributos, a saber: a) as classificações intrínsecas, quando "o critério que informa a classificação compõe a definição do objeto classificado; assim, as substâncias químicas que compõem a coisa também definem (sal é todo composto formado por sódio e cloro); b) as classificações relacionais, quando é "o critério que é externo à coisa. Assim, irmãos definem-se pelo fato de terem o mesmo pai e/ou mesma mãe".[88]

Ao proceder à classificação dos tributos, Alfredo Augusto Becker adotou critério intrínseco, uma vez que identificou como elemento diferenciador das espécies tributárias a base de cálculo (elemento intrínseco do tributo), por entender ser o único critério objetivo e jurídico para aferir o gênero e a espécie jurídica de cada tributo. Logo, os tributos que medissem um fato lícito qualquer presuntivo de riqueza seriam impostos, enquanto os que tivessem em sua hipótese de incidência "serviço estatal ou coisa estatal" seriam tidos como taxas. Convicto da cientificidade do critério adotado, Alfredo Augusto Becker sentencia: "no plano jurídico, todo e qualquer

---

[86] AMARO, Luciano. *Direito Tributário Brasileiro*. São Paulo: Saraiva, 1999, p. 25.

[87] Evidenciando o caráter arbitrário do ato de classificar, Carvalho afirma que "não existem limites à liberdade de fazer classificações que, no fundo, se consubstancia em separar classes, em grupos, formando subclasses, subdomínios, subconjuntos". Ao sujeito do conhecimento é reservado o direito de fundar a classe que lhe aprouver e segundo a particularidade que se mostrar mais conveniente aos seus propósitos. CARVALHO, Paulo de Barros. IPI – Comentários sobre as Regras de Interpretação da Tabela NBM/SH (TIPI/TAB), *Revista Dialética de Direito Tributário*, São Paulo, Dialética, n. 12, set., 1996, p. 55.

[88] SANTI, Eurico Marcus Diniz. As Classificações no Sistema Tributário Brasileiro. In: 1º Congresso Internacional de Direito Tributário – IBET,1998, Vitória. *Justiça Tributária...* São Paulo, 1998, p. 130. (125/147).

tributo pertencerá a uma destas duas categorias: impostos ou taxa".[89] Por ter identificado apenas duas espécies tributárias, essa teoria é chamada de dicotômica.

Não divergindo substancialmente de Alfredo Augusto Becker, ao analisar a estrutura da norma jurídica tributária, Geraldo Ataliba entendeu ser relevante para a classificação dos tributos "a conformação ou configuração e consistência do aspecto material da hipótese de incidência",[90] em vez de considerar apenas sua "perspectiva dimensível" (base de cálculo).[91] Partindo desse critério, o autor distinguiu os tipos tributários em duas classes: a dos não-vinculados e a dos vinculados (direta e indiretamente) a uma atuação estatal. Esta distinção baseada no aspecto material da hipótese de incidência, segundo defende o autor, exaure os tipos tributários, vez que ao examinar todas as legislações existentes verifica-se que, em todos os casos, o aspecto material da hipótese de incidência ou consiste em uma atividade do poder público ou em um fato ou acontecimento inteiramente indiferente a qualquer atividade estatal.[92]

Para Geraldo Ataliba, os tributos não-vinculados são "aqueles cuja h. i. consiste na descrição de um fato qualquer que não seja atuação estatal".[93] Essa é a hipótese de incidência dos impostos, que em sua materialidade prescindem de qualquer agir do Estado. São tributos cuja hipótese de incidência tem o contribuinte como sujeito da ação expressa pelo verbo, como se observa da hipótese de incidência do imposto de renda (auferir renda), ICMS (circular mercadoria), IPTU (ser proprietário de imóvel), IPI (industrializar produtos).

Tal definição harmoniza-se com o conceito de imposto previsto pelo art. 16 do Código Tributário Nacional, segundo o qual "imposto é o tributo cuja obrigação tem por fato gerador uma situação independentemente de qualquer atuação estatal específica, relativa ao contribuinte".[94]

Já os tributos vinculados são aqueles cuja "hipótese de incidência consiste na descrição de uma atuação estatal (ou uma conseqüência desta)".[95] Diversamente dos não-vinculados, observa-se que o verbo do critério material da hipótese de incidência desses tributos é praticado pela pessoa política de direito público interno, ou por quem lhe faça as vezes. Nesta

---

[89] BECKER, Alfredo Augusto. *Teoria Geral do Direito Tributário*. 3 ed. São Paulo: Lejus, 1998, p. 381.

[90] ATALIBA, Geraldo. *Hipótese de Incidência Tributária*. 5. ed. São Paulo: Malheiros, 1998, p. 115.

[91] Importa notar que para Geraldo Ataliba o critério eleito – materialidade da hipótese de incidência – não diverge substancialmente do adotado por Becker, porque quando o autor se refere à base imponível, a conceitua como "perspectiva dimensível do aspecto material da h. i.". *Idem, ibidem*, p.116.

[92] ATALIBA, Geraldo. *Hipótese de Incidência Tributária*. 5. ed. São Paulo: Malheiros, 1998, p. 115.

[93] Idem, Ibidem, p. 116.

[94] Disponível em: <http// o www.planalto.gov.br>. Acesso em: 3 de março de 2006.

[95] ATALIBA, Geraldo. *Hipótese de Incidência Tributária*. 5. ed. São Paulo: Malheiros, 1998, p. 116.

classe, de tributos vinculados, estão inseridas as taxas e as contribuições de melhoria, porque ambos os tributos prevêem na materialidade de sua hipótese de incidência uma atividade estatal consistente no exercício regular do poder de polícia ou na utilização, efetiva ou potencial, de serviço público, específico ou divisível (art. 77 do CTN) ou na realização de obra pública que promova valorização do bem particular (art. 81 do CTN).

Em razão das taxas e contribuição de melhoria pertencerem à classe dos tributos vinculados, Ataliba indicou como critério de distinção dessas exações a "referibilidade", ou seja, "o modo de a atuação estatal referir-se ao obrigado".[96] Constitui taxa o tributo diretamente vinculado a uma atuação estatal e imediatamente referido ao obrigado, e contribuição de melhoria o tributo indiretamente vinculado a uma atuação do Estado e mediatamente referido ao obrigado.

Especificamente sobre as contribuições sociais, Geraldo Ataliba não as identifica como espécie tributária autônoma, afirmando que "salvo a 'de melhoria', no Brasil, todas as contribuições têm tido hipótese de incidência de imposto, na configuração que o imaginoso – mas sem técnica – legislador lhes tem dado".[97]

Resultam, portanto, do critério escolhido por Geraldo Ataliba – materialidade da hipótese de incidência –, três espécies tributárias diferentes. Por isso, denomina-se essa teoria de tricotômica.

Influenciado pela classificação construída por Geraldo Ataliba, Paulo de Barros Carvalho adota critério semelhante, acrescentando à hipótese de incidência um segundo elemento: a base de cálculo. A partir desse critério, defende, também, a classificação tricotômica das espécies tributárias em impostos, taxas e contribuições de melhoria, esclarecendo que "as outras contribuições por revestirem ora o caráter de tributos vinculados, ora o de impostos, não constituem categoria à parte, pelo que hão de subsumir-se numa das espécies enumeradas".[98]

No mesmo sentido é a posição de Roque Carraza, para quem a classificação tripartida dos tributos, porque formulada de forma conceitual pelo art. 145 da CF/88, norma suprema que conduz qualquer classificação jurídica, há de ser considerada por todos aqueles que pretendam estudar as espécies tributárias.[99]

Observa-se que as duas teorias, chamadas "tricotomistas" e "dicotomistas" não incluem os empréstimos compulsórios e as contribuições dentre as espécies tributárias autônomas. Esses tributos são inseridos na

---

[96] ATALIBA, Geraldo. *Hipótese de Incidência Tributária*. 5. ed. São Paulo: Malheiros, 1998, p. 130.
[97] Idem, ibidem, p. 182.
[98] CARVALHO, Paulo Barros. *Curso de Direito Tributário*. São Paulo: Saraiva, 2000, p. 35/36.
[99] CARRAZA. Roque Antônio. *Curso de Direito Constitucional Tributário*. São Paulo: Saraiva, 1997, p. 306/ 307.

categoria de impostos ou taxas (ou contribuição de melhoria, para alguns), a depender da opção do legislador em utilizar a hipótese de incidência e a base de cálculo de uns ou de outras.

Como assentado no início deste capítulo, o legislador constituinte de 1988, ao prever contribuições vinculadas a finalidades específicas, criou espécie tributária nova identificada pela finalidade e não pela materialidade da hipótese de incidência, como ocorre no caso dos impostos e taxas. Diante disso, entendemos que as teorias acima explicitadas não se amoldam a nova realidade constitucional, que terminou adotando a finalidade e a restituibilidade, como elementos identificadores de espécies tributárias.

2.4.2. Da teoria de classificação dos tributos baseada em mais dois critérios: finalidade e restituibilidade

Antes da Carta Constitucional de 1988, o critério da hipótese de incidência, adotado pelos autores acima destacados, revelava-se suficiente a adequado, porque todas as espécies de tributos – impostos, taxas e contribuições de melhoria – até então previstas, eram identificadas, tão-somente, pela materialidade da hipótese de incidência prevista na Constituição Federal. Nas palavras de Marco Aurélio Greco, esse critério classificatório "sofre com o imprevisto, aquilo que existe na realidade mas não encontra um enquadramento imediato e cristalino".[100]

Entretanto, com a previsão constitucional, pelos arts. 148 e 149, dos empréstimos compulsórios e das contribuições cujas normas de estrutura não prevêem a materialidade de seus fatos geradores, mas a vinculação dos citados tributos a finalidades específicas, esse critério, baseado na conjugação da hipótese de incidência/base de cálculo, não consegue responder à nova realidade constitucional brasileira.[101]

A primeira mudança de direito que não pode ser negligenciada diz respeito à própria estrutura das normas de competência tributária. Enquanto a norma que trata de impostos, taxas e contribuições de melhoria tem, em sua descrição, a materialidade da hipótese de incidência tributária, a norma que autoriza a instituição das contribuições e dos empréstimos compulsórios prescreve o atendimento de determinadas finalidades. Ora, se essas últimas exações não têm descrição de sua materialidade, não há como inseri-las, segundo o critério da hipótese de incidência, em alguma das espécies tributárias identificadas pela teoria tricotômica.

---

[100] GRECO, Marco Aurélio. *Contribuições (uma figura "sui generis")*. São Paulo: Dialética, 2000, p. 92.

[101] GAMA, Evandro Costa. As Contribuições Sociais de Seguridade Social e a Imunidade do art. 149, § 2º, I, da Constituição Federal. *Revista Dialética de Direito Tributário*, São Paulo, Dialética, n. 108, set. 2004, p. 48.

Outra alteração que faz repensar a classificação tripartida dos tributos diz respeito ao art. 167, IV, da CF/88, o qual veda a vinculação da receita de impostos a fundo, órgão ou despesa, salvo as exceções constitucionais. Como já explicitado no item 1 desse capítulo, a redação deste dispositivo constitucional foi modificada para restringir a vedação de vinculação da receita somente aos impostos e não a todos os tributos, como estava prescrito na Constituição anterior. Assim, em razão dessa vedação não é possível invocar a figura do imposto para denominar um tributo instituído como instrumento de atuação de áreas previstas no art. 149 da CF/88, nem muito menos, como aduz Tácio Gama, "afirmar ser imposto um tributo com destinação nos termos do art. 148, incisos I ou II, e com previsão de devolução".[102]

A fim de afastar essa interpretação, alguns autores, a exemplo de Eurico Santi, permanecem afirmando que as contribuições podem revestir a materialidade de imposto, mas que nesse caso, por ter finalidade específica, não se aplicaria o art. 167, IV, do CTN.[103] Já para Sacha Calmon Navarro Coêlho, as contribuições seriam inseridas na categoria de impostos finalísticos.[104]

A exemplo do que defende Marco Aurélio Greco,[105] pensamos que a contribuição não é imposto com destinação específica, vez que a própria Constituição de 1988 fez essa necessária distinção, quando disciplinou a contribuição como tributo sujeito à validação finalística[106] e a regime jurídico inconfundível (art. 149) e, posteriormente, no art. 154, II, previu o imposto extraordinário que se caracteriza como típico imposto finalístico, vez

---

[102] GAMA, Tácio Lacerda. *Contribuição de Intervenção no Domínio Econômico*. São Paulo: Quartier Latin, 2003, p. 48. No mesmo sentido: SPAGNOL, Werther Botelho. *As Contribuições Sociais no Direito Brasileiro*. Rio de Janeiro: Forense, 2002, p. 40.

[103] Conforme entende Santi: "A Constituição Federal de 1988 concebeu duas diferentes acepções para a palavra 'imposto': uma como gênero próximo, outra como diferença específica constituinte de duas classes de 'impostos': Imposto, gênero próximo, define-se pela vinculação do critério material da hipótese tributária a uma atuação estatal específica. Imposto, como subespécie, é aquele que não apresenta destinação legal de sua receita (não-afetação) (...). São impostos em sentido estrito (imposto-imposto): II, IE, IR, IPI, IOF, ITR, *causa mortis* e doação, ICMS, IPVA, IPTU, ISS e *inter vivos*. São impostos em sentido lato (imposto-contribuição): as contribuições sociais, profissionais e de intervenção no domínio econômico" SANTI, Eurico Marcus Diniz. As Classificações no Sistema Tributário Brasileiro. In: *Justiça Tributária*: direitos do fisco e garantidas dos contribuintes nos atos da administração e no processo tributário. Vitória: 1º Congresso Internacional de Direito Tributário, ago. 1998, p. 132.

[104] COÊLHO, Sacha Calmon Navarro. *Curso de Direito Tributário*. Rio de Janeiro: Forense, 1999, p. 404.

[105] GRECO, Marco Aurélio. *Contribuições:* uma figura "sui generis". São Paulo: Dialética, 2000, p. 144.

[106] Para Marco Aurélio Greco, a Constituição Federal estabelece normas de competência que adotam um critério finalístico de qualificação, compreendido como "um modelo finalístico de disciplina da conduta humana e validçao das normas infra-ordenadas, no qual encontramos a qualificação de objetivos ('proteção', "defesa"), é um modelo fundamentalmente para que se atinja algo, implicando visão muito mais modificadora da realidade." *Idem ibidem*, p. 119.

que tem materialidade de imposto, mas está vinculado à finalidade constitucionalmente prevista.

Por último, importa realçar que a Constituição Federal de 1988, ao estabelecer que a União poderá instituir empréstimos compulsórios, além de vinculá-los a determinadas finalidades, os condicionou à obrigação de restituição ao contribuinte. Assim o fazendo, o próprio texto constitucional fixou mais um elemento, a restituição, que diferencia esse tributo dos demais.

Como adverte Tácio Gama, em face dessas inovações trazidas pela Constituição de 1988, os regimes jurídicos dos impostos não se compatibilizam com o das contribuições especiais e empréstimos compulsórios, tendo em vista que "não há como conciliar a natureza de imposto com a finalidade específica do produto da arrecadação desses tributos".[107]

Não obstante enquadre as contribuições como impostos em sentido amplo, Eurico de Santi considerando as variáveis do sistema constitucional vigente, sintetizou com precisão os critérios que servem de distinção às espécies tributárias. São suas palavras:

> Com efeito, três são, *a priori*, os critérios diferenciadores que convivem concomitantemente, no âmago constitucional: o primeiro e indiscutível é a vinculação, ou não, de uma atividade estatal no desenho da hipótese tributária; o segundo, a previsão do destino legal do tributo; o terceiro, a previsão legal da restituição.[108]

É com base nesses três critérios extraídos das normas constitucionais que parte da doutrina vem classificando os tributos, distinguindo quatro ou cinco espécies tributárias diferentes. Contudo, importa observar que, para ser válido o ato classificatório baseado nesses três critérios, deve haver três classificações, porque cada classificação deve corresponder a apenas um critério. Assim, na forma explicitada por Tácio Gama, com base nesses critérios "haverá (i) subdivisão entre tributos vinculados e não vinculados a uma atuação estatal; (ii) outra entre tributos com e sem destinação específica; e (iii) o grupo de tributos cuja arrecadação é ou não restituível ao contribuinte após um determinado lapso de tempo".[109]

Adotando os critérios acima, Luciano Amaro divide os tributos em quatro espécies distintas, a saber: impostos, taxas (de serviço, de polícia, de utilização de via pública e de melhoria), contribuições (sociais, econômicas e corporativas) e empréstimos compulsórios.[110] Entende o autor que a des-

---

[107] GAMA, Tácio Lacerda. *Contribuição de Intervenção no Domínio Econômico*. São Paulo: Quartier Latin, 2003, p. 105.
[108] SANTI. SANTI, Eurico Marcus Diniz. As Classificações no Sistema Tributário Brasileiro. In: *Justiça Tributária:* direitos do fisco e garantidas dos contribuintes nos atos da administração e no processo tributário. Vitória: 1º Congresso Internacional de Direito Tributário, ago. 1998, p. 139.
[109] GAMA. Tácio Lacerda. *Contribuição de Intervenção no Domínio Econômico*. São Paulo: Quartier Latin, 2003, p.108.
[110] AMARO, Luciano. *Direito Tributário Brasileiro*. São Paulo: Saraiva, 1999, p. 76.

tinação, no caso das contribuições, e a restituibilidade, no caso dos empréstimos compulsórios, por integrarem a própria norma jurídica constitucional definidora da competência tributária, como explicitado no capítulo anterior, configuram dado jurídico relevante para distinção das espécies tributárias e, em conseqüência, para definição do regime jurídico específico da exação. Estas são suas palavras:

> A destinação, *em regra*, não integra a definição do regime jurídico dos tributos. Nesse caso, obviamente, não se cogitará de desvio de finalidade para efeito de examinar a legitimidade da exação. O que se afirma é que a destinação, quando valorizada pela norma constitucional, como nota integrante do desenho de certa figura tributária, representa critério hábil para distinguir essa de outras, cujo perfil não apresente semelhante especificidade.[111]

Nesse mesmo sentido já se manifestaram, dentre outros, Hugo de Brito Machado, Luciano Amaro, José Eduardo Soares de Melo, Mizabel Derzi, Paulo Ayres Barreto, quando adotaram a destinação como critério adequado para identificar a contribuição como espécie tributária autônoma, afastando a aplicação do art. 4º, II, do CTN, no qual se baseia a doutrina clássica para negar relevância à destinação.[112]

2.5. A destinação constitucional das contribuições e o art. 4º do CTN

Para os defensores das teorias dicotômica e tricotômica, acima destacadas, em razão da própria dicção do art. 4º, II, do CTN, a destinação não é elemento relevante para a classificação dos tributos, uma vez que o artigo assim dispõe: "A Natureza jurídica específica do tributo é determinada pelo fato gerador da respectiva obrigação, sendo irrelevantes para qualificá-la: [...] II – a destinação legal do produto da arrecadação".

Geraldo Ataliba, reconhecidamente o maior expoente da teoria baseada no critério material da hipótese de incidência, ao interpretar o referido dispositivo legal, é incisivo:

> É uma disposição didática lapidar. Não é norma, mas um oportuno preceito didático, doutrinariamente correto. É absurdo, despropositado, anticientífico, ilógico e primário recorrer a argumento ligado ao destino que o Estado dá aos dinheiros arrecadados, para disso pretender

---

[111] AMARO, Luciano. *Direito Tributário Brasileiro*. São Paulo: Saraiva, 1999, p. 78.
[112] MACHADO, Hugo de Brito. *Curso de Direito Tributário*. ed. 9. São Paulo: Malheiros, 1994, p. 315/316. AMARO, Luciano. *Direito Tributário Brasileiro*. São Paulo: Saraiva, 1999, p. 74. MELO. José Eduardo Soares. *Contribuições Sociais no Sistema Tributário*. São Paulo: Malheiros, 2003, p. 33. BALEEIRO, Aliomar. *Direito Tributário Brasileiro*. Atualizado por Mizabel Abreu Machado Derzi. 11. ed. Rio de Janeiro: Forense, 2005, p. 69. BARRETO, Paulo Ayres. *Contribuições. Regime Jurídico, Destinação e Controle*. São Paulo: Noeses, 2006, p. 62.

extrair qualquer conseqüência válida em termos de destinação da natureza específica dos tributos. As espécies tributárias se reconhecem pela natureza da materialidade da h.i. Só.[113]

Em idêntico sentido, sobre o teor do referido dispositivo legal, Paulo de Barros Carvalho assim se manifesta:

> O inc. II vem como aviso providencial: o destino que se dê ao produto da arrecadação é irrelevante para caracterizar a natureza jurídica do tributo. Coincide, a ponto, como limite do campo de especulação do Direito Tributário, que não se ocupa de momentos ulteriores à extinção do liame fiscal.[114]

Ao questionar a posição fundada no referido dispositivo legal, José Eduardo de Melo faz as seguintes indagações: "Essa diretriz representa uma verdade científica ou um dogma? Será que esse posicionamento jurídico não passa de um preconceito passível de desmistificação, uma vez que o próprio texto constitucional indica direção própria?".[115]

De certo, há uma resistência natural do estudioso do Direito em questionar posições consolidadas e reiteradas ao longo dos anos por juristas de reconhecido saber jurídico. Contudo, como destacamos no item 1 deste capítulo, em face das inovações introduzidas pela atual Constituição Federal, sobretudo em relação à forma de estruturação da norma de competência das contribuições, é preciso refletir sobre o alcance e significado do art. 4º, II, do CTN.

Como enfatizamos no capítulo I, a separação extremada entre o Direito Financeiro e o Direito Tributário, fundada na premissa de que após o cumprimento da obrigação tributária (pagamento) extingue-se a relação jurídica tributária, visto que o destino dado à arrecadação do tributo importa apenas para o Direito Financeiro, não nos parece verdadeira em relação às contribuições, uma vez que o legislador constituinte, em vez de descrever a materialidade da hipótese de incidência, como o fez no caso dos impostos e taxas, optou por vinculá-las a finalidades expressamente previstas no texto constitucional.

Especificamente sobre o sentido da norma inserta no inc. II, art. 4º do CTN, nos valemos das lições de Luciano Amaro, para quem:

> O que pretende dizer aquele dispositivo é que o intérprete e o aplicador da lei, e o próprio legislador estão impedidos de, através da menção a esta ou àquela destinação do tributo (ou, também, à vista de sua denominação), conduzir uma exação de uma categoria para outra. Por exemplo, não se admite que o legislador institua tributo, destinando-o à conservação de estradas e denominando-o de pedágio, se o fato gerador for a compra de combustíveis. O

---

[113] ATALIBA, Geraldo. *Hipótese de Incidência Tributária*. São Paulo: Malheiros, 1998, p. 139.

[114] CARVALHO, Paulo de Barros. *Curso de Direito Tributário*. 13 ed. São Paulo: Saraiva, 2000, p. 30/31.

[115] MELO, Eduardo Soares de. *As Contribuições Sociais no Sistema Tributário*. 3 ed. São Paulo: Malheiros, 2000, p. 33.

caput do art. 4º e cada um de seus incisos aplicam-se a esse exemplo, reconduzindo a figura à natureza específica do imposto.[116]

Sob outra perspectiva, ainda como anotou o referido autor, o art. 4º, inc. II, do CTN não poderia, sob nenhuma hipótese, condicionar a atividade do legislador constituinte, que poderia utilizar o critério da destinação – como de fato o fez – para discriminar esta ou aquela espécie tributária, sem que esteja limitado pela norma infraconstitucional.[117]

Em igual sentido, fazendo interpretação conforme a Constituição de 1988, Mizabel Derzi faz ressalvas quanto ao alcance do art. 4º, II do CTN, restringindo o seu âmbito de incidência ao afirmar que "a destinação, efetivamente, será irrelevante para distinção entre certas espécies (taxas e impostos, p. ex.), mas é importante no que tange à configuração das contribuições e empréstimos compulsórios",[118] porque nesses tributos a destinação é o fundamento do exercício da competência tributária da União.

Em recente tese de doutorado, defendida na Universidade Católica de São Paulo, Paulo Ayres Barreto, após discorrer sobre a teoria das causas em matéria tributária, afasta a aplicação do art. 4º do CTN, sob o seguinte entendimento:

> Relativamente à destinação do produto da arrecadação, considerada no plano normativo, estamos convencidos de que, à luz da Constituição Federal de 1988, não é mais possível afirmar-se a sua irrelevância. Há dicção constitucional que aponta para a direção oposta. O citado art. 167, IV, da CF elimina qualquer possibilidade de se afirmar a irrelevância da destinação do produto da arrecadação.[119]

Desse modo, considerando que as contribuições estão vinculadas a finalidades constitucionais previstas pelo art. 149 da CF/88 e, ainda, que o art. 167, IV, da CF/88 apenas vedou a vinculação da receita dos impostos a órgão, fundo ou despesa, é forçoso concluir que o art. 4º, II, é inaplicável à espécie.

No que concerne, ainda, à destinação dos tributos, cabe notar que todos os tributos acabam tendo um destino determinado. Os impostos visam a atender as necessidades gerais da coletividade. As taxas são utilizadas para possibilitar o exercício regular do poder de polícia e os serviços públicos e divisíveis, prestados ou postos à disposição do contribuinte. As contribuições de melhoria têm como justificativa a valorização do bem particular em razão de obra pública. Os empréstimos compulsórios destinam-se a atender a calamidades públicas como guerra externa, ou sua iminência, e

---

[116] AMARO, Luciano. *Direito Tributário Brasileiro*. São Paulo: Saraiva, 1999, p. 74.

[117] Idem, ibidem. p. 77.

[118] BALEEIRO, Aliomar. *Direito Tributário Brasileiro*. Atualizado por Mizabel Abreu Machado Derzi. 11. ed. Rio de Janeiro: Forense, 2005, p. 68.

[119] BARRETO, Paulo Ayres. Contribuições. Regime Jurídico, Destinação e Controle. São Paulo: Noeses, 2006, p.62.

investimento público de caráter urgente e de relevante interesse nacional. As contribuições servem de instrumento de atuação do Estado em áreas específicas. Entretanto, em relação a essas duas últimas espécies tributárias, a destinação integra o próprio regime jurídico do tributo, "na medida em que se apresenta como condição, requisito, pressuposto ou aspecto do exercício legítimo (isto é, constitucional) da competência tributária".[120]

Repetindo exemplo citado por Luciano Amaro, se a União criar um tributo exigível dos advogados (só pelo fato do exercício de sua profissão), embora denominando-o de contribuição, ele será inconstitucional, porque incide sobre serviços advocatícios, base de cálculo do ISS, de competência dos Municípios, e não da União. Entretanto, se a lei destina essa contribuição para a Ordem dos Advogados, está criando uma contribuição corporativa plenamente válida, porque se distingue dos impostos.[121]

Justamente por serem destinadas a finalidades expressamente estabelecidas na Constituição de 1988, as contribuições diferenciam-se dos demais tributos, tendo a sua constitucionalidade aferida não em razão da materialidade da hipótese de incidência prevista no texto constitucional, mas em função da finalidade para a qual foram instituídas. Essa diferenciação entre os tributos, fundada no tipo de validação constitucional da lei instituidora da figura, foi o critério escolhido por Marco Aurélio Greco[122] para diferenciar as espécies tributárias.

Observando a forma como as normas qualificam a realidade, o autor distinguiu na atual Constituição Federal duas técnicas de validação das normas instituidoras de exação tributária: a validação condicional e a validação finalística. A primeira tem "caráter eminentemente 'causalista' no sentido de que a exigência só será validamente exigida *se* (daí a condição) atrelada a um determinado evento que, não se verificando, invalida a exação". Enquanto a segunda tem "caráter eminentemente "modificador", no sentido de que se justifica pela vinculação à busca da finalidade ou objetivo".[123]

Segundo o autor, os impostos, taxas e contribuições de melhoria estão sujeitos à validação condicional, porque a Constituição de 1988 adotou na norma de competência a descrição da materialidade das hipóteses de incidência desses tributos. Desse modo, a norma de incidência tributária somente será válida se a materialidade nela prevista corresponder àquela prevista pela Constituição.

---

[120] AMARO, Luciano. *Direito Tributário Brasileiro*. São Paulo: Saraiva, 1999, p. 75. Em sentido contrário, Ataliba é categórico ao afirmar: "Em outras palavras: a destinação não integra o regime jurídico tributário." ATALIBA, Geraldo. *Hipótese de Incidência Tributária*. 5 ed. São Paulo: Malheiros, 1998, p. 140.

[121] Idem, ibidem, p. 76/77.

[122] GRECO, Marco Aurélio. *Contribuições (uma figura "sui generis")*. São Paulo: Dialética, 2000, p. 94.

[123] Idem, ibidem , p.121.

Já em relação às contribuições, empréstimo compulsório e imposto extraordinário, o critério de validação constitucional é finalístico, visto que as normas de competência tributária dessas exações prevêem a finalidade como legitimadora da própria instituição do tributo. Neste caso, as normas instituidoras das exações serão válidas se atenderem às finalidades prescritas pela norma constitucional para cada uma das espécies tributárias.

Entendendo ser imprópria a denominada "validação finalística", Tácio Gama faz algumas objeções à distinção realizada por Marco Aurélio Greco. Partindo do pressuposto de que "todo tributo é criado para atender a uma finalidade prescrita pela norma de superior hierarquia",[124] e de que toda norma jurídica é "um juízo condicional se/então", para o autor, o critério de validação condicional e finalístico não seria adequado para distinguir o regime jurídico dos tributos, porque toda e qualquer norma jurídica está sujeita a um juízo condicional ou finalístico de validade.

De fato, como já assinalamos anteriormente, todo tributo tem um objetivo determinado (atender a despesas específicas ou não). Entretanto, no caso das contribuições, a finalidade do tributo integra a norma de competência tributária, de modo que a validação de tais tributos, além de condicional, é finalística. Nesse sentido, mostra-se adequado o critério distintivo utilizado por Marco Aurélio Greco.

Pode-se dessumir, portanto, que no atual Sistema Constitucional é inegável a relevância da destinação não só para identificação da contribuição como espécie tributária autônoma e, em conseqüência, do regime jurídico aplicável, bem como para a aferição de sua validade, uma vez que a norma de competência tributária tem em sua estrutura o elemento finalidade. É o que será examinado no capítulo seguinte.

---

[124] GAMA, Tácio Lacerda. *Contribuição de Intervenção no Domínio Econômico*. São Paulo: Quartier Latin, 2003, p. 58/59.

Capítulo III

Da norma de competência tributária das contribuições sociais

3.1. Sobre a distinção entre normas de conduta e normas de estrutura

Não há como estudarmos a norma de competência tributária das contribuições sem antes nos referirmos à distinção comumente feita pela doutrina entre normas de estrutura e normas de comportamento. Essa dicotomia foi proposta por Norberto Bobbio ao observar que "o ordenamento jurídico, além de regular o comportamento das pessoas, regula, também, o modo pelo qual se devem produzir as regras".[125] Para o autor, as normas de estrutura diferenciam-se das normas de conduta porque "não prescrevem a conduta que se deve ter ou não ter, mas as condições e os procedimentos através dos quais emanam normas de conduta válidas".[126]

Essa oposição entre normas de estrutura e normas de conduta deve ser considerada em termos relativos, tendo em vista que toda e qualquer norma jurídica regula sempre um comportamento, ainda que esse comportamento seja o de produzir outras regras jurídicas.[127] Disso não descuidou Norberto Bobbio ao afirmar:

> Numa estrutura hierárquica, como a do ordenamento jurídico, os termos execução e produção são relativos, porque a mesma norma pode ser considerada, ao mesmo tempo, executiva e produtiva. Executiva com respeito à norma superior, produtiva com respeito à norma inferior.[128]

Em sentido idêntico, considerando a operacionalidade da distinção proposta, Paulo de Barros Carvalho trabalha, também, com a classificação das normas jurídicas em regras de comportamento e regras de estrutura. Entretanto, embora reconheça que todas as normas que integram o sistema

---

[125] BOBBIO, Norberto. *Teoria do Ordenamento Jurídico*. 5. ed. Brasília: UNB, 1994, p. 45.
[126] Idem, ibidem, 1994, p. 33.
[127] A constatação de que a norma dispõe sempre sobre um comportamento relativiza sobremodo a classificação das normas em regras de estrutura e de conduta, já que aquelas primeiras, as de estrutura, também teriam por objeto condutas humanas. Souto Maior Borges chega a falar em normas de conduta *lato sensu* – que abrangeriam as de estrutura – e normas de conduta *stricto sensu*. BORGES, Souto Maior. *Teoria Geral da Isenção Tributária*. São Paulo: Malheiros, 1998, p. 380.
[128] BOBBIO, Norberto. *Teoria do Ordenamento Jurídico*. 5. ed. Brasília: UNB, 1994, p. 50.

de direito positivo dirigem-se à regulação de condutas, vai além ao fazer uma minuciosa análise das estruturas normativas a partir do objetivo final de cada norma. São suas palavras:

> [...] numa análise mais fina das estruturas normativas, vamos encontrar unidades que têm como objetivo final ferir de modo decisivo os comportamentos interpessoais modalizando-os deonticamente como obrigatórios (o), proibidos (v) e permitidos (P), com o que exaurem seus propósitos regulativos. Essas regras, quando satisfeito o direito subjetivo do titular por elas indicado, são terminativas de cadeias de normas. Outras, paralelamente, dispõem também sobre condutas, tendo em vista, contudo, a produção de novas estruturas deôntico-jurídicas. São normas que aparecem como condição sintática para elaboração de outras regras, a despeito de veicularem comandos disciplinadores que se vertem igualmente sobre os comportamentos intersubjetivos.[129]

Assim acontece com a norma de competência tributária das contribuições, que, sem dúvida, é norma de estrutura, porque prescreve as condições para criação de normas de conduta válida; dizendo-o de outro modo, prescreve o comportamento a ser adotado pelo legislador, permitindo somente a instituição de contribuições em função das finalidades constitucionais previstas no art. 149 da CF/88.

Para os fins propostos no presente trabalho, em razão da operacionalidade da distinção apontada por Paulo de Barros Carvalho, preferimos adotar a denominação de norma de competência tributária para designar a norma que tem por objetivo a produção de normas de conduta que, por sua vez, seriam aquelas que correspondem às regras-matrizes de incidência.

3.2. Da norma de competência tributária

Segundo define Roque Carraza, "competência tributária é a aptidão para criar, *in abstracto*, tributos, descrevendo, legislativamente, suas hipóteses de incidência, seus sujeitos ativos, seus sujeitos passivos, suas bases de cálculo e suas alíquotas".[130] No Brasil, as competências tributárias são estabelecidas exclusivamente pela Constituição Federal, por isso o autor a denomina de "Carta das Competências".

Em função de a competência tributária ter sido outorgada pelo texto constitucional, os entes federativos poderão instituir tributos, desde que dentro dos limites jurídicos gizados pela Carta Maior. Em se tratando de contribuições, observa-se que a norma de competência tributária do art.

---

[129] CARVALHO, Paulo de Barros. *Direito Tributário*: Fundamentos Jurídicos da Incidência Tributária. São Paulo: Saraiva, 1998, p. 34.

[130] CARRAZA, Roque Antônio. *Curso de Direito Constitucional Tributário*. São Paulo: Saraiva, 1997, p. 288.

149 da CF/88 não descreve a materialidade da hipótese de incidência,[131] como o faz no caso dos impostos e taxas, mas traça os contornos específicos das contribuições, que servem de limitação à atuação do legislador, de modo que "não é correto afirmar que o modelo constitucional das contribuições especiais é aberto. O fato de a materialidade não ter sido prevista na Constituição não autoriza esta conclusão".[132]

Mesmo não havendo especificação da materialidade da hipótese de incidência pelo art. 149 da CF/88, não significa que o legislador está autorizado a adotar toda e qualquer hipótese de incidência, inclusive as reservadas constitucionalmente aos Estados e Municípios. Essa exegese, como assevera Geraldo Ataliba, "implicaria afirmar: a) que as competências tributárias não são exclusivas; b) que a repartição das competências tributárias não é rígida e que c) contribuição não é tributo".[133]

Como afirmamos no capítulo anterior, a norma de competência tributária das contribuições tem em sua estrutura o elemento finalidade, visto que, nos termos do art. 149 da CF/88, a União somente está autorizada a instituir contribuições sociais, de intervenção no domínio econômico e de interesse de categoria profissional e econômica, "como instrumento de sua atuação nas respectivas áreas". Além desse elemento, o texto constitucional estabelece outros limites formais e materiais ao poder de tributar, como será detalhado adiante.

Não obstante seja a norma de competência tributária essencial à análise da validade do próprio tributo, observa-se uma maior preocupação dos doutrinadores em desenvolver teorias que tratam da regra-matriz de incidência tributária. Assim o fez Geraldo Ataliba,[134] ao tratar em sua obra especificamente da hipótese de incidência tributária, e Paulo de Barros Carvalho,[135] ao formular precioso esquema formal da regra-matriz de incidência, mediante o qual é possível o intérprete identificar cinco critérios que se fazem presentes em toda norma tributária em sentido estrito.

---

[131] Importa observar que existem contribuições cuja materialidade foi prevista pela Constituição Federal, a exemplo das contribuições destinadas à seguridade social previstas pelo art. 195 da CF/88. As materialidades, quando referidas, configuram limite adicional a ser respeitado.

[132] PIMENTA, Paulo Roberto Lyrio. Significado e Importância da Vinculação das Receitas das Contribuições Especiais. In: *Grandes Questões Atuais do Direito Tributário*. São Paulo: Dialética, v. 8. p. 356.

[133] Isso porque "não tem sentido admitir que a Constituição deu uma competência aos Estados e Municípios (nos arts. 155 e 156) e a retirou em outra disposição (art. 149). Seria desfigurar a Constituição e entender que ela consente que a invocação da palavra contribuição afaste todos os obstáculos à legislação da União, inclusive os circunscritores de seu campo material de competência". ATALIBA, Geraldo. *Hipótese de Incidência Tributária*. 5. ed. São Paulo: Malheiros, 1998, p. 77.

[134] ATALIBA, Geraldo. *Hipótese de Incidência Tributária*. 5. ed. São Paulo: Malheiros, 1998.

[135] Segundo Paulo de Barros Carvalho, a regra-matriz de incidência tributária apresenta cinco critérios. São eles: na hipótese de incidência – a) critério material, b) critério temporal e c) critério espacial; no conseqüente normativo – d) critério pessoal e e) critério quantitativo. Nesse sentido ver obras de: CARVALHO, Paulo de Barros. *Curso de Direito Tributário*, São Paulo: Saraiva, 2000, p. 237; *Direito Tributário*: fundamentos jurídicos da incidência. São Paulo: Saraiva, 1998, p. 80.

Reconhecidamente a estruturação lógica da norma jurídica tributária tem grande relevância, na medida em que possibilita "um verdadeiro itinerário a ser seguido para compreensão da mensagem normativa com sentido completo",[136] mas não menos importante é o estudo dos elementos estruturantes da norma de competência. Apesar disso, são raros os estudos que se propõem a especificá-los.

Tendo em consideração a relatividade da distinção entre normas de estrutura e de comportamento, reconhecida, inclusive, por Norberto Bobbio, entendemos ser possível estender para as normas de estrutura os conceitos empregados para as normas de conduta, assim como propôs Tácio Gama, ao perceber a importância de uma formulação que indique ao intérprete um roteiro para análise da competência tributária.[137]

Tratando-se o presente estudo das contribuições – enquanto espécie de tributo que repercute na disciplina do Direito Financeiro –, vamos centrar nossas atenções na identificação dos aspectos ou critérios que compõem especificamente a norma de competência tributária dessa exação, sem estendê-las para o exame de outras normas de competência existentes no texto constitucional.[138]

3.3. Da composição da norma de competência tributária das contribuições

3.3.1. Da estrutura lógica da norma jurídica

A necessidade de ser estabelecida uma estrutura da norma jurídica formalizada em linguagem lógica foi percebida por Lourival Vilanova ao observar que "o revestimento verbal das normas jurídicas não obedece a uma forma padrão. Vertem-se nas peculiaridades de cada idioma e em estruturas gramaticais variadas".[139] Daí por que o autor reduziu a norma jurídica à seguinte fórmula: "Se se dá um fato F qualquer, então o sujeito S',

---

[136] GAMA, Tácio Lacerda. *Contribuição de Intervenção no Domínio Econômico*. São Paulo: Quartier Latin, 2003, p. 70.

[137] BOBBIO, Norberto. *Teoria do Ordenamento Jurídico*. 5. ed. Brasília: UNB, 1994, p. 50.

[138] Em um processo de simplificação, para atender ao objetivo do presente estudo trataremos em especial da norma de competência tributária das contribuições que limita o conteúdo normativo da norma de competência, sem deixar de considerar a existência de outras normas de competência, identificadas e classificadas por Guastini em quatro espécies, a saber a) normas que conferem competência normativa; b) normas que disciplinam o exercício de uma competência; c) normas que circunscrevem o objeto de uma competência e d) normas que limitam o conteúdo normativo de uma competência. GUASTINI, Ricardo. *Distinguiendo*: estudios de teoria y metateoría del derecho. Tradução de: Jordi Ferrer Beltam. Barcelona: Gedisa, 1999, p. 307 e ss.

[139] VILANOVA, Lourival. *As Estruturas Lógicas e o Sistema Positivo*. São Paulo: Max Limonad, 1997, p. 95.

deve fazer ou deve omitir ou pode fazer ou omitir a conduta C ante outro sujeito S'".

Essa é a primeira parte da norma jurídica completa, que em sua estrutura interna "articula-se em forma lógica de implicação: a hipótese implica a tese ou o antecedente (em sentido formal) implica o conseqüente".[140] Essa vinculação decorre do conectivo "dever ser" que une as duas proposições, de modo que, se ocorrida a hipótese deve ser a tese. O dever-ser é, pois, o conectivo proposicional de implicação entre o antecedente e o conseqüente.[141]

A hipótese ou antecedente cuida da descrição de fatos de possível ocorrência no mundo. Caso haja a previsão de fato impossível de acontecer no mundo dos fatos, compromete-se a existência da norma jurídica, tendo em vista ser o seu poder de incidir característica essencial da sua natureza.[142] Porque trata de situações fáticas, a hipótese é sempre descritiva e já não-prescritiva.

Já a tese ou conseqüente tem natureza prescritiva, porque determina a conseqüência jurídica dada para o caso de ocorrer a hipótese descrita na norma jurídica. Como conceituou Marcos Mello, "o preceito (também denominado disposição) constitui a parte da norma jurídica em que são prescritos os efeitos atribuídos aos fatos jurídicos".[143]

Assim, entendemos que toda e qualquer norma jurídica tem em sua estrutura lógica uma hipótese e uma tese, conectadas por um operador condicional ("se ... deve ser ..."), o qual estabelece uma relação de implicação entre as partes da norma (hipótese e tese). A norma jurídica reveste-se, portanto, de uma mesma estrutura lógica fundamental: juízo hipotético condicional, a que podemos denominar de homogeneidade sintática.

Dentro desta estrutura lógica o legislador pode escolher as hipóteses A' A'' A''' ou as teses B, C, D, não importa. O legislador é livre para valorar os fatos da vida que formarão o suporte fático da norma jurídica, podendo optar por determinados conteúdos sociais ou valorativos. É-lhe, porém,

---

[140] VILANOVA, Lourival. *As Estruturas Lógicas e o Sistema Positivo*. São Paulo: Max Limonad, 1997, p. 95.

[141] Sobre a relevância do vínculo implicacional, Vilanova afirma: "Em outras palavras, sem a norma vincular as duas proposições, elas estariam isoladas, ou ligadas por outros vínculos, formalmente necessários, ou empiricamente dados nos fatos aos quais as proposições se referem". É a norma mesma, é o Direito Positivo que institui o relacionamento entre o descritor (hipótese) e o prescritor (tese). Agora, uma vez posta a relação, uma vez normativamente constituída, a relação-de-implicação, como relação lógica formal, obedece às leis lógicas. Assim, se se dá a hipótese, segue-se a conseqüência: se não se dá a conseqüência, necessariamente não se dá a hipótese ("se p, então q", "se não-q, então não-p")". Idem, ibidem, 1997, p. 97.

[142] No dizer de Carvalho, a previsão de fato impossível "tratar-se-ia de um sem-sentido deôntico, ainda que pudesse satisfazer os critérios de organização sintática". CARVALHO, Paulo de Barros. *Direito Tributário*: fundamentos jurídicos da incidência tributária. São Paulo: Saraiva, 1998, p. 24.

[143] MELLO, Marcos Bernardes de. *Teoria do Fato Jurídico*: plano da existência. 12. ed. São Paulo: Saraiva, 2003, p. 66.

vedado criar hipótese "sem a estrutura (sintática) e sem a função que lhe pertence por ser estrutura de uma hipótese",[144] sob pena de estar criando mera proposição sem sentido.

O que se faz imprescindível na criação da norma jurídica é, pois, a relação de implicação entre o antecedente e o conseqüente, na forma de um juízo hipotético condicional.

Em defesa da homogeneidade sintática, Paulo de Barros Carvalho assevera que "a composição sintática é absolutamente constante: um juízo condicional, e que se associa uma conseqüência à realização de um acontecimento fático previsto no antecedente".[145]

Partindo dessa fórmula estrutural, abstraindo-se a heterogeneidade do conteúdo de significação das normas de competência tributária, é possível obter uma estrutura idêntica à das demais normas jurídicas, sob o ponto de vista sintático. Ou seja: a norma de competência tributária pode ser construída dentro dessa estrutura lógico-condicional, a partir da conjugação de enunciados extraídos do direito positivo. Esse é o caminho trilhado por Tácio Gama, para quem "no antecedente dessa norma, descreve-se um fato – o processo de enunciação necessário à criação dos tributos – imputando-se a esse fato uma relação jurídica, cujo objeto consiste na faculdade de criar tributos".[146]

Considerando-se, pois, ser possível reduzir a norma de competência tributária a um juízo hipotético-condicional, faz-se imprescindível identificar quais os critérios que compõem a sua estrutura, a fim de aferir a validade da norma instituidora das contribuições.

3.3.2. Dos critérios do antecedente (formais)

Como dito, o antecedente da norma de competência tributária descreve um fato: o processo que o legislador deve percorrer para a criação dos tributos. Nele podemos identificar, como observa Tácio Gama, quatro critérios, a saber: critério subjetivo, critério procedimental, critério espacial e critério temporal, os quais são extraídos do texto constitucional.[147]

Sendo objeto do presente estudo as contribuições, devemos ter como ponto de partida o art. 149 da nossa atual Constituição Federal, sem dei-

---

[144] MELLO, Marcos Bernardes de. *Teoria do Fato Jurídico:* plano da existência. 12. ed. São Paulo: Saraiva, 2003, p. 90.

[145] CARVALHO, Paulo de Barros. *Direito Tributário. Fundamentos Jurídicos da Incidência Tributária.* São Paulo: Saraiva, 1998, p.18. Seguindo a mesma linha de raciocínio, Diniz afirma que "a estrutura lógica imputativa da norma possui caráter formal e necessário". DINIZ, Maria Helena. *Compêndio de Introdução à Ciência do Direito.* São Paulo: Saraiva, 2004, p. 360.

[146] GAMA, Tácio Lacerda. *Contribuição de Intervenção no Domínio Econômico.* São Paulo: Quartier Latin, 2003, p. 73.

[147] Idem, ibidem, 2003, p.74.

xar de considerar outros dispositivos constitucionais, uma vez que a norma jurídica em sua integralidade existencial, como ensina Paulo de Barros Carvalho, pode ser encontrada em mais de um dispositivo.[148]

Eis os termos do art. 149 da Constituição Federal de 1988:

> Compete exclusivamente à União instituir contribuições sociais, de intervenção ao domínio econômico e de interesse das categorias profissionais e econômicas, como instrumento de sua atuação nas respectivas áreas, observado o disposto nos art. 146, III, e 150, I e III, e sem prejuízo do previsto no art. 195, § 6º, relativamente às contribuições a que alude o dispositivo.[149]

O critério subjetivo é facilmente identificado no referido dispositivo, que atribui à União a competência exclusiva para "instituir contribuições sociais de intervenção ao domínio econômico e de interesse das categorias profissionais e econômicas", valendo notar que somente os entes políticos – União, Estado, Municípios e Distrito Federal – são competentes para editar tributos.

No que concerne ao critério procedimental, a União deve observar o disposto no art. 150, I, da CF/88, que alberga o Princípio da Estrita Legalidade Tributária, segundo o qual nenhum tributo pode ser criado ou exigido senão mediante lei. Assim, para exercer a competência tributária, o ente tributante deverá seguir o procedimento legislativo preconizado pela Constituição Federal para a edição de lei ordinária ou de lei complementar (competência residual: art. 195, § 4º, CF/88).

O critério espacial é o local de ocorrência do fato. Tratando-se de tributo da competência da União, a produção normativa ocorre em Brasília, onde estão sediados os Poderes Executivo e Legislativo. Brasília é, portanto, o critério espacial.

Por fim, o critério temporal refere-se ao momento da aplicação da norma de competência. É o instante em que a União exerce sua competência tributária, dando surgimento à norma de imposição tributária.

Desse modo, se a União instituir contribuição mediante lei, de acordo com o procedimento legislativo previsto na Constituição, na cidade de Brasília e em determinado espaço de tempo, estará de acordo com os critérios do antecedente da norma de competência tributária das contribuições estabelecidas pela atual Constituição e, em decorrência, será formalmente válida.[150]

---

[148] CARVALHO, Paulo de Barros. *Curso de Direito Tributário*. São Paulo: Saraiva, 2000, p. 233.

[149] BRASIL. *Constituição Federal (1988)*. BRASIL. Constituição Federal (1988). Disponível em: <http//www.planalto.gov.br>. Acesso em 5 abr. 2006.

[150] Conforme Tácio Gama, "o antecedente da norma de competência fornece, dessa forma, os critérios para investigação da validade sintática de um tributo". GAMA, Tácio Lacerda. *Contribuição de Intervenção no Domínio Econômico*. São Paulo: Quartier Latin, 2003, p. 79.

Nesse sentido, considerando que a validade de uma contribuição não se reduz à análise formal dos critérios estabelecidos pela Constituição para o exercício da competência tributária, a investigação de sua constitucionalidade deve ser ampliada para alcançar os limites materiais que integram o conseqüente da norma de competência tributária.

3.3.3. Dos critérios do conseqüente (materiais)

De acordo com a estrutura lógica da norma jurídica, à hipótese de um fato imputa-se uma tese. Relativamente à norma de competência das contribuições, tem-se como hipótese a descrição do processo de enunciação necessário à criação do tributo, o qual implica uma relação jurídica cujo objeto consiste na faculdade de criar tributos.[151]

Compreendendo a norma sob essa estrutura sintática reduzida, Lourival Vilanova explica que "o que uma norma de direito positivo enuncia é que, dado um fato, seguir-se-á uma relação jurídica, entre sujeitos de direito, cabendo, a cada um, posição ativa ou passiva".[152] O conseqüente da norma de direito positivo é, portanto, a relação jurídica estabelecida entre dois ou mais sujeitos em face de uma prestação determinada. No caso da norma de competência das contribuições, figura como sujeito ativo da relação jurídica a União Federal, porque é o ente federativo autorizado pelo art. 149 da CF/88 para editar a lei instituidora do tributo. E como sujeito passivo, todas as pessoas sujeitas à incidência da norma tributária instituída pela União.

À União é atribuída a faculdade de editar lei tributária instituidora de contribuições, contudo, apesar de o exercício da competência ser facultativo, se exercida deve obedecer não só aos critérios formais relativos ao processo de produção da norma, mas, também, aos critérios materiais – princípios constitucionais, imunidades e enunciados complementares – que delimitam o conteúdo da competência tributária no modal permitido.[153] Em outras palavras, somente é dado (autorizado) à União exercer a competência tributária dentro dos limites formais e materiais estabelecidos pela Constituição Federal.

Mas quais são esses limites materiais da competência tributária das contribuições? Para Tácio Gama, "no objeto de relação jurídica de com-

---

[151] GAMA, Tácio Lacerda. *Contribuição de Intervenção no Domínio Econômico*. São Paulo: Quartier Latin, 2003, p. 79.

[152] VILLANOVA, Lourival. *Causalidade e Relação no Direito*. 4 ed. São Paulo: Revista dos Tribunais, 2000, p. 101/102.

[153] O conectivo proposicional "dever ser" inserto no conseqüente da norma implica a hipótese a tese, pode ser apresentar em três modais deônticos: proibido, permitido e obrigatório. CARVALHO, Paulo de Barros. *Direito Tributário:* fundamentos jurídicos da incidência tributária. São Paulo: Saraiva, 1998, p. 26.

petência não se indaga sobre 'como?' a norma vai ser editada. O aspecto relevante aqui é 'o que?' essa norma vai prescrever".[154] Em se tratando de competência para instituir contribuições, a própria norma do art. 149 da CF/88 estabelece o conteúdo material da norma ao especificar a finalidade para a qual e em razão da qual, é autorizado o exercício da competência tributária. Nesse sentido é o magistério de Tácio Gama:

> Analisando a norma de competência tributária que regula a criação das contribuições interventivas, observa-se que esses tributos só podem ser criados para atender a certos propósitos. Por isso, sua finalidade integra a relação jurídica de competência tributária.[155]

Seguindo a classificação proposta por Ricardo Guastini,[156] a norma do art. 149 da CF/88 é norma de competência que limita o conteúdo normativo da competência outorgada, uma vez que inibe a criação de normas tributárias com determinado conteúdo ou impõe a produção de normas dotadas de certo conteúdo.

Desse modo, a norma do art. 149 da CF/88 é uma daquelas normas de competência que, segundo Kelsen, estabelece não só o ente federativo competente, mas determina o conteúdo da norma.[157]

A norma que delimita a matéria de competência é sem dúvida uma norma de limitação. É o que restou evidenciado por Gabriel Ivo:

> Do conjunto contido nos enunciados constitucionais brota a limitação material da competência. Os limites atuam no mesmo momento em que atuam as normas de competência e procedimento, e terminam por perfazer o desenho final da competência. Autoridade competente pressupõe a qualificação de produzir o instrumento introdutor conforme certos limites de ordem material.[158]

Não se quer dizer que a finalidade das contribuições seja a única limitação material. Como bem esclareceu o citado autor, porque o exercício de competência tributária encontra limitações nos princípios, imunidades e enunciados complementares que disciplinam a instituição do tributo. Entretanto, para o preciso objetivo deste trabalho, interessa-nos especialmente as finalidades previstas no art. 149 da CF/88, as quais – por limitarem o conteúdo normativo da competência – constituem verdadeiras condições para o exercício válido da competência tributária. Tanto é assim que, no

---

[154] GAMA, Tácio Lacerda. *Contribuição de Intervenção no Domínio Econômico*. São Paulo: Quartier Latin, 2003, p. 83.

[155] Idem, ibidem, p. 88.

[156] GUASTINI, Ricardo. *Distinguiendo*: estúdios de teoria y metateoría del derecho. Tradução de: Jordi Ferrer Beltam. Barcelona: Gedisa, 1999, p. 307, ss.

[157] Reconhecendo a possibilidade de limitação material do exercício da competência, Hans Kelsen afirma: "A norma superior pode não só fixar o órgão pelo qual e o processo no qual a norma inferior é produzida, mas também determinar o conteúdo desta norma". KELSEN, Hans. *Teoria Pura do Direito*. 6 ed. São Paulo: Martins Fontes, 2003, p. 261.

[158] IVO, Gabriel. A Produção Abstrata dos Enunciados Prescritivos. In: SANTI, Eurico Marcus Diniz de. *Curso de Especialização em Direito Tributário*. Rio de Janeiro: Forense, 2005, 139.

caso do desvio de finalidade, a exigência fiscal desfigura-se, deixando de ser contribuição para se transformar em imposto. É o que será melhor detalhado no capítulo V, onde trataremos da problemática do desvio da arrecadação das contribuições.

Em síntese, podemos identificar, mais uma vez segundo as lições de Tácio Gama,[159] os seguintes critérios que informam o antecedente e o conseqüente da norma de competência das contribuições:

Quadro 1: Norma de competência tributária das contribuições

ANTECEDENTE	CONSEQÜENTE
Processo de enunciação de criação de contribuição que implica relação jurídica	Relação jurídica estabelecida entre a União (sujeito ativo) e conjunto de pessoas sujeitas à incidência da norma, cujo objeto consiste na faculdade de criar contribuições
CRITÉRIOS	CRITÉRIOS
• critério subjetivo: União • critério procedimental: processo legislativo • critério temporal: momento do exercício da competência • critério espacial: Brasília	• Finalidade • Princípios • Enunciados complementares

Como se verifica, a formalização da norma de competência em uma estrutura lógica fornece importantes subsídios para compreensão dos limites impositivos, visto que, a partir da análise dos elementos que compõem o antecedente e o conseqüente da norma, é possível avaliar se foram atendidos os pressupostos para o exercício válido da competência e, em decorrência, se a contribuição instituída é constitucional.

3.4. Das normas de comportamento das contribuições

3.4.1. Da regra-matriz de incidência das contribuições

Para Paulo de Barros Carvalho, a esquematização formal das normas jurídicas é, sobretudo, um instrumento científico de utilidade indiscutível, visto que "é extremamente operativo e prático, permitindo, quase de forma

---
[159] GAMA, Tácio Lacerda. *Contribuição de Intervenção no Domínio Econômico.* São Paulo: Quartier Latin, 2003, p. 79/86.

imediata, penetrarmos na secreta essência normativa, devassando-a e analisando-a de maneira minuciosa".[160]

Sem dúvida a estruturação da norma de competência tributária das contribuições em um juízo hipotético condicional tem a grande vantagem de fornecer instrumentos mais eficazes para saber se a contribuição criada viola essa norma. Basta analisarmos se os critérios, formais e materiais, da norma de competência foram atendidos pela regra-matriz de incidência tributária, sendo lícito afirmar que a não-observância de qualquer um dos critérios invalida a contribuição.

Desse modo, a norma instituidora da contribuição, aqui designada regra-matriz de incidência tributária,[161] deve espelhar a conformação dada pela norma de competência tributária, que, diversamente dos impostos e taxas, tem em seu conseqüente o critério finalístico.

Ao discorrermos sobre a classificação das espécies tributárias no capítulo anterior, afirmamos que a destinação, por estar inserida na norma de competência, é critério adequado para identificar as contribuições como espécie autônoma. Essa asserção pode ser confirmada se compararmos a estrutura da regra-matriz de incidência do Imposto de Renda da Pessoa Jurídica e da Contribuição Social sobre o Lucro Líquido. Vejamos:

Quadros 2 e 3: Comparação entre as regras-matrizes de incidência do IRPJ e CSLL.

Regra-matriz de incidência do
Imposto de Renda Pessoa Jurídica – IRPJ[162]

CRITÉRIOS DO ANTECEDENTE	CRITÉRIOS DO CONSEQÜENTE
• Material: auferir renda ou proventos de qualquer natureza (Cm) • Temporal: dia 31 de dezembro de cada exercício (Cf) • Espacial: dentro do território nacional (Ce)	• Pessoal: sujeito ativo – União; sujeito passivo – pessoa jurídica que aufira renda ou proventos de qualquer natureza (Cp) • Quantitativo: base de cálculo é o lucro real (lucro contábil ajustado pelas adições e exclusões), presumido ou arbitrado. A alíquota é de 15% (quinze por cento) – (Cq)

---

[160] CARVALHO, Paulo de Barros. *Curso de Direito Tributário.* 12. ed. São Paulo: Saraiva, 2000, p. 343.

[161] Como afirma Paulo de Barros Carvalho, "A regra- matriz de incidência tributária é, por excelência, uma regra de comportamento, preordenada, que está a disciplinar a conduta do sujeito devedor da prestação fiscal, perante o sujeito pretensor, titular do direito de crédito". CARVALHO, Paulo de Barros. *Curso de Direito Tributário.* 12. ed. São Paulo: Saraiva, 2000, p. 245.

[162] O Imposto de Renda da Pessoa Jurídica é regulado pela Lei 9.249, de 26 de dezembro de 1995, com alterações posteriores. BRASIL. Constituição Federal (1988). BRASIL. Constituição Federal (1988). Disponível em: <http//www.planalto.gov.br>. Acesso em: 5 abr. 2006.

Regra-matriz de incidência da
Contribuição Social sobre o Lucro Líquido – CSLL

CRITÉRIOS DO ANTECEDENTE	CRITÉRIOS DO CONSEQUENTE
• Material: auferir lucro (Cm) • Temporal: dia 31 de dezembro de cada exercício (Cf) • Espacial: dentro do território nacional (Ce)	• Pessoal: sujeito ativo – União; sujeito passivo – pessoa jurídica que aufira renda ou proventos de qualquer natureza (Cp) • Quantitativo: base de cálculo é o lucro real (lucro contábil ajustado pelas adições e exclusões), presumido ou arbitrado. A alíquota é de 12,5% (doze vírgula cinco por cento) – (Cq) • Finalístico: financiamento da seguridade social[163]

Examinando-se os quadros esquemáticos acima, verifica-se que somente pelo critério material da hipótese de incidência associado à base de cálculo não é possível distinguir o imposto de renda da contribuição social sobre o lucro líquido, devendo ser observado o critério finalístico explicitado no conseqüente da regra-matriz da CSLL. É isso que ensina Paulo Ayres quando afirma:

> Pelo mero exame do critério material da regra-matriz de incidência, não há como se diferenciar as contribuições dos impostos. Se compararmos os critérios que compõem a regra-matriz de incidência tributária do imposto sobre a renda das pessoas jurídicas, com aqueles identificados em face da norma padrão de incidência da contribuição social sobre o lucro, não há como diferençar as espécies tributárias. As estruturas normativas, no plano legal, definidoras da conduta de levar aos cofres públicos um montante em dinheiro, em razão do lucro auferido, são idênticas.[164]

Apesar de serem idênticas as bases de cálculo do IRPJ e da CSLL, a diferenciação das alíquotas dos tributos aponta para outro aspecto que merece ser notado quando se trata de contribuições, qual seja: a sua limitação quantitativa.

As contribuições diferenciam-se dos impostos não somente em função do seu critério finalístico, mas em razão da limitação de seu critério quantitativo, porque as contribuições têm seu valor limitado ao custo da atividade estatal, tendo em vista que a sua instituição foi autorizada especificamente para atender a determinada finalidade, devendo haver necessariamente correlação entre o custo da atividade estatal e o critério quantitativo da contribuição.

---

[163] Conforme estabelece o art. 1º da Lei 7.689/88: "Art. 1º Fica instituída contribuição social sobre o lucro das pessoas jurídicas, destinada ao financiamento da seguridade social". BRASIL. Constituição Federal (1988). Disponível em: <http//www.planalto.gov.br>. Acesso em: 5 abr. 2006.
[164] BARRETO, Paulo Ayres. *Contribuições. Regime Jurídico, Destinação e Controle.* São Paulo: Noeses, 2006, p. 69.

É claro que é impossível estabelecer o custo exato da atuação estatal, no entanto, o valor da contribuição deve ter como parâmetro o custo estimado da atividade realizada pelo Estado, mesmo porque, como afirma Paulo Ayres Barreto, "a contribuição a ser instituída terá como propósito específico gerar receita compatível com tal custo".[165] A relação é de compatibilidade, tendo em vista que a "somatória da parcela de receitas destinadas ao custeio da atividade deve ser compatível com o custo".[166]

A necessidade de se compatibilizar o custo da atividade a ser desenvolvida pelo Estado e as receitas tributárias provenientes das contribuições é exigência da própria Constituição Federal, inserida em diversos dispositivos constitucionais.

Ao se referir às contribuições destinadas à Previdência Social dos servidores públicos, o art. 40 da Constituição Federal determina a observância dos "critérios que preservem o equilíbrio financeiro e atuarial",[167] dicção essa reiterada pelo art. 201 do texto constitucional. De modo semelhante, o art. 195, § 5º, prescreve que "nenhum benefício ou serviço da seguridade social poderá ser criado ou majorado ou estendido sem a correspondente fonte de custeio total".[168] Igualmente, o art. 149-A da CF/88 autoriza a instituição de contribuição "para o custeio de serviço de iluminação pública".[169] Resta, portanto, evidenciado que a contribuição deve ser do tamanho suficiente para cobrir o custo da atuação do Estado na área especificada pela Constituição Federal.

Conforme ensina Paulo de Barros Carvalho, "o tipo tributário se acha integrado pela associação lógica e harmônica da hipótese de incidência e da base de cálculo".[170] Entretanto, no caso das contribuições sociais devemos acrescentar a esse binômio o critério finalístico, porque, como demonstrado no exemplo acima, a CSLL possui a mesma base de cálculo do IRPJ, distinguindo-se por sua finalidade específica, a qual tem por parâmetro o custo da atividade estatal.

Desse modo, além dos critérios pessoal e quantitativo, para estar em consonância com a norma de competência tributária – fundamento de sua validade – a regra-matriz de incidência das contribuições deverá explicitar em seu conseqüente a finalidade da exação, cuja arrecadação será destinada a uma das áreas previstas pelo art. 149 da Constituição Federal, sob pena de ser caracterizado desvio legal da finalidade.

---

[165] BARRETO, Paulo Ayres. *Contribuições. Regime Jurídico, Destinação e Controle*. São Paulo: Noeses, 2006, p. 180.
[166] Idem, ibidem , p. 180.
[167] BRASIL. *Constituição Federal (1988)*. Disponível em: <http//www.planalto.gov.br>. Acesso em: 5 fev. 2006.
[168] Idem, ibidem.
[169] Idem, ibidem.
[170] CARVALHO, Paulo de Barros. *Curso de Direito Tributário*, 13 ed. São Paulo: Saraiva, 2000, p. 29.

Nesse sentido é a opinião de Evandro Gama, para quem "a finalidade, junto com os critérios material, espacial, temporal, pessoal e quantitativo, integra a regra-matriz de incidência tributária da contribuição social".[171]

3.4.2. Da norma de comportamento dirigida ao poder público

Ao nos referirmos sobre a norma de competência das contribuições, não havíamos esclarecido que essa norma de estrutura cria não só a regra-matriz de incidência, mas dá surgimento a outra regra de comportamento, diversa da primeira, porque em vez de estabelecer o pagamento do tributo para determinada finalidade, fixa o destino da arrecadação.

Distinguem-se, pois, duas normas de comportamento. A primeira norma é a regra-matriz de incidência tributária que estabelece a obrigação do recolhimento da exação, se ocorrido o fato nela previsto. Dado o fato, surge relação jurídica entre o sujeito ativo e o contribuinte, cujo objeto é o pagamento da contribuição.[172]

De acordo com os critérios acima especificados, a regra-matriz de incidência das contribuições pode ser reduzida à seguinte estrutura: se ocorrer o antecedente previsto na norma tributária, deve o contribuinte recolher ao Estado a contribuição destinada à finalidade constitucional nos moldes estabelecidos pelo critério quantitativo.[173]

Ou, ainda, em linguagem simbólica, poderíamos reduzir a regra-matriz de incidência das contribuições na seguinte fórmula: Antecedente (Cm + Ct + Ce) Conseqüente (Cp + Cq + Cf), onde o antecedente estabelece a grandeza econômica tributada no espaço e no tempo, e o conseqüente fixa os sujeitos ativo e passivo da relação jurídica, a dimensão do critério material e a finalidade.

A segunda norma de comportamento é dirigida ao sujeito ativo da relação jurídica tributária, ou seja, à União, que tem o dever de destinar os recursos arrecadados para a finalidade que legitimou a criação da contribuição. Como ressalta Marco Aurélio Greco, "é fundamental que, uma vez pago o tributo ao ente tributante, surja para tal ente o dever jurídico de

---

[171] GAMA, Evandro Costa. As Contribuições Sociais de Seguridade Social e a Imunidade do art. 149, § 2º, I, da Constituição Federal. *Revista Dialética de Direito Tributário*, São Paulo: Dialética, n. 108, set., 2004, p. 50.

[172] Nesse sentido, BARRETO, Paulo Ayres. *Contribuições. Regime Jurídico, Destinação e Controle*. São Paulo: Noeses, 2006, p. 177-178.

[173] Conforme Lourival Vilanova, "é preciso reduzir as múltiplas modalidades verbais à estrutura formalizada da linguagem lógica para se obter a fórmula 'se se dá um fato F qualquer, então o sujeito S, deve fazer ou deve omitir ou pode fazer ou omitir a conduta C ante outro sujeito S'". VILANOVA, Lourival. *As Estruturas Lógicas e o Sistema Positivo*. São Paulo: Max Limonad, 1997, p. 95.

destinar esse montante ao correspectivo órgão, fundo ou despesa que deu causa à instituição do tributo".[174]

Em linguagem lógica poderíamos estabelecer a seguinte norma de conduta: Dado o fato de o contribuinte recolher a contribuição cujo fim é o custeio da seguridade social, deve-ser a obrigação da União destinar o valor recolhido exclusivamente para o custeio daquela finalidade. O que em linguagem simbólica significa: A (cq + **cf**) C.

Como se verifica, em função das duas normas de conduta especificadas surgem relações jurídicas distintas, em que a posição dos sujeitos é alterada. Enquanto na relação jurídica tributária o sujeito ativo é, digamos, o poder público, porque tem direito de exigir do contribuinte o recolhimento da contribuição, se ocorrido o fato jurídico, na segunda relação jurídica, o poder público é o sujeito passivo, porque tem o dever de direcionar a receita das contribuições para a finalidade em razão da qual foi instituída.

Contudo, apesar de cuidarem de condutas diversas, as duas normas de comportamento têm o mesmo fundamento de validade, qual seja: a norma de competência tributária, que especifica a finalidade como condição para a União instituir contribuição. Em síntese, em linguagem simbólica teríamos o seguinte encadeamento normativo:

Quadro 4: O encadeamento normativo da norma de competência

NORMA DE COMPETÊNCIA	
REGRA-MATRIZ DE INCIDÊNCIA TRIBUTÁRIA	REGRA FINANCEIRA
A C (cp + cq (bc+al) + **cf**	A (cq + **cf**) C

A norma de competência das contribuições produz, portanto, efeitos no encadeamento normativo que se instala no plano infraconstitucional, tanto que o vínculo entre as duas normas de comportamento é estipulado pelo critério finalístico da norma de competência. Enquanto na regra-matriz de incidência tributária o critério finalístico é um componente do conseqüente, na regra financeira integra o antecedente.[175]

---

[174] GRECO, Marco Aurélio. Contribuições: Delimitação da Competência Impositiva. Segurança Jurídica na Tributação e Estado de Direito. *II Congresso Nacional de Estudos Tributários*. São Paulo: Noeses, 2005, p. 517.
[175] BARRETO, Paulo Ayres. *Contribuições. Regime Jurídico, Destinação e Controle*. São Paulo: Noeses, 2006, p.177.

3.5. A finalidade das contribuições e a vinculação constitucional de sua receita

As contribuições sociais, interventivas, corporativas e de custeio da iluminação pública previstas pelo art. 149 da Constituição Federal são contribuições sociais em sentido amplo. Por seu turno, as contribuições sociais em sentido estrito podem ser classificadas nas seguintes espécies: a) contribuições para seguridade social (art. 195);[176] b) salário educação (art. 212, § 5º); c) contribuição para o PIS (art. 239); d) contribuições para o sistema "S" (art. 240); e) contribuição para o FGTS (art. 7º, III); e f) CPMF (EC nº 12/96, 21/99, 37/02).

Apesar de todas as contribuições acima destacadas terem fundamento de validade no art. 149 da CF/88, o qual prevê a criação dessas exações como instrumento de atuação da União em determinadas áreas, não receberam do legislador constituinte tratamento igual em relação à vinculação de suas receitas, podendo ser aplicadas em diversos fins desde que sirvam de meio de atuação do Estado nas áreas previstas pelo texto constitucional.

Em defesa dessa posição, ao analisar as normas específicas relativas às contribuições, Paulo Roberto Pimenta observou que o art. 149 da CF/88 é um regramento genérico, vez que "não detalha os contornos da destinação, mencionando apenas que as contribuições constituem 'instrumento' de atuação da União em diversas áreas".[177]

Partindo dessa idéia, a receita das contribuições terá sempre como destino aquelas áreas eleitas pela Constituição Federal, mas a depender da espécie de contribuição, o constituinte estabeleceu em quais finalidades deverá ser aplicada, o que findou por restringir ainda mais a liberdade do legislador ordinário quanto ao direcionamento de tais recursos.

Como explica Marco Aurélio Greco, podem ser identificados na Constituição três graus diferentes de especificidade em relação à aplicação dos recursos arrecadados. A previsão é de caráter geral quando "a Constituição contempla apenas um campo em função do qual podem ser criadas contribuições";[178] é de caráter especial, quando indica, dentro desse

---

[176] Relevante distinguir as contribuições sociais gerais (art. 149, 1ª parte da CF/88) das contribuições destinadas à seguridade social (art. 195 da CF/88). As contribuições sociais de seguridade social destinam-se exclusivamente ao financiamento das ações estatais dirigidas à saúde, à previdência e à assistência social, enquanto as contribuições sociais gerais destinam-se ao financiamento das despesas das ações da União nos demais setores integrantes da Ordem social.

[177] PIMENTA, Paulo Roberto Lyrio. Significado e Importância das Receitas das Contribuições Especiais.. In: ROCHA, Valdir de Oliveira (Coord). *Grandes questões atuais do direito tributário*. São Paulo: Dialética, 2004. v. 8, p. 361.

[178] GRECO, Marco Aurélio. A Destinação dos Recursos decorrentes da Contribuição de Intervenção no Domínio Econômico – Cide Combustíveis. *Revista Dialética de Direito Tributário*, São Paulo, Dialética, n. 104, maio 2004, p. 125.

campo, as áreas de destinação; e é de caráter individual, quando prevê especificamente a destinação a ser dada ao produto da arrecadação.

Importa notar que a forma de vinculação dos recursos das contribuições prevista pela Constituição Federal interferi diretamente na margem de liberdade do legislador.

Se a vinculação é geral, há "ampla margem de liberdade para o legislador tributário e orçamentário",[179] porque pode dispor da receita como entender adequado, desde que atenda à finalidade genericamente prevista na Constituição. Se a vinculação for especial, o poder de escolha do legislador fica restrito àquelas áreas especificadas pela Constituição. Contudo, se a vinculação é individual, desaparece a margem de escolha do legislador quanto à aplicação dos recursos, que devem ser integralmente aplicados na finalidade genericamente prevista no texto constitucional.[180]

Em relação às contribuições destinadas à seguridade social, houve expressa previsão quanto à vinculação da sua receita a ações que objetivem assegurar os direitos relativos à saúde, à previdência social e à assistência social. Enquanto o art. 194 da CF/88 delimitou o âmbito de abrangência da seguridade social, ao dispor que "a seguridade social compreende um conjunto de ações de iniciativa dos poderes públicos e da sociedade, destinadas a assegurar os direitos relativos à saúde, à previdência e assistência social", o art. 195 da Carta Maior[181] estabeleceu que tais ações serão financiadas por diversos recursos, dentre os quais, as contribuições sociais.

De modo semelhante agiu o constituinte ao estabelecer, no art. 149-A da CF/88, a competência dos Municípios e do Distrito Federal para criar contribuição para o custeio de serviço de iluminação pública e, quando no art. 212, § 5º, prescreveu que o salário educação é fonte adicional de financiamento do ensino público fundamental. Em ambas as hipóteses, fica evidente a vinculação do legislador infraconstitucional ao destino dado pela Carta Maior.

No que concerne à contribuição de intervenção do domínio econômico, embora os arts. 173 e 174 da CF/88 sejam omissos quanto ao custeio desta atividade, o art. 177, § 4º,[182] afasta totalmente a liberdade do legisla-

---

[179] GRECO, Marco Aurélio. A Destinação dos Recursos decorrentes da Contribuição de Intervenção no Domínio Econômico – Cide Combustíveis. *Revista Dialética de Direito Tributário*, São Paulo: Dialética, n. 104, maio 2004, p. 125.

[180] Como afirma o autor Marco Aurélio Greco, "apesar deste alto grau de especificação, ainda remanesce um espaço para o orçamento, qual seja o de indicar caso a caso os valores que irão para cada uma das respectivas despesas previstas constitucionalmente.". GRECO, Marco Aurélio. A Destinação dos Recursos decorrentes da Contribuição de Intervenção no Domínio Econômico – Cide Combustíveis. *Revista Dialética de Direito Tributário*, São Paulo, Dialética, n. 104, maio 2004, p. 126.

[181] BRASIL. *Constituição Federal (1988)*. Disponível em: <http//www.planalto.gov.br>. Acesso em: 5 abr. 2006.

[182] Inserido pela Emenda Constitucional nº 33/2001. BRASIL. *Constituição Federal (1988)*. Disponível em: <http//www.planalto.gov.br>. Acesso em: 5 abr. 2006.

dor em regular a matéria, tendo em vista que condiciona a criação da exação fiscal à vinculação de sua receita a três finalidades específicas, a saber: a) ao pagamento de subsídios e preços de transporte de álcool combustível, gás natural e seus derivados e derivados de petróleo; b) ao financiamento de projetos ambientais relacionados com a indústria de petróleo e gás e; c) ao financiamento de programas de infra-estrutura de transportes.

Caso interessante é o da Contribuição Provisória sobre Movimentação ou Transmissão de valores – CPMF, a qual teve a destinação de seus recursos alterada por uma seqüência de emendas constitucionais. Ao ser prevista inicialmente pela EC nº 12/96, essa contribuição teve o produto de sua arrecadação destinado "integralmente ao Fundo Nacional de Saúde, para financiamento das ações e serviços de saúde". Com a alteração do texto constitucional pela EC nº 21/99, que prorrogou a cobrança do tributo, o destino foi parcialmente alterado, para dirigir a parcela decorrente do aumento da alíquota para o custeio da previdência social. Por fim, em razão de nova modificação introduzida pela EC nº 37/02, houve o redirecionamento da arrecadação da receita para atender a três destinações: Fundo Nacional de Saúde, custeio da previdência social, e Fundo de Combate e Erradicação da Pobreza, de acordo com percentuais de 0,20%, 0,10% e 0,08%, respectivamente. Note-se que embora tenham ocorrido sucessivas alterações no destino da arrecadação da CPMF – antes destinada integralmente à saúde – restou mantida a finalidade em razão da qual foi criada, visto que permaneceu como instrumento de atuação do Estado na área social.

Diversamente, em relação ao FGTS (art. 7º, III), contribuição para o PIS (art. 239) e contribuições para o sistema "S" (art. 240) – instituídas antes da vigência da Constituição de 1988 e por esta recepcionadas –, não houve a vinculação do produto da arrecadação dessas contribuições. Contudo, como assinala Paulo Roberto Pimenta, por serem espécies de contribuições sociais, "a arrecadação só pode ser dirigida para programas e/ou ações que relacionem com este campo",[183] de modo que, por exemplo, a contribuição para o PIS não pode ser destinada para construção de estradas, porque este tipo de ação está divorciada da finalidade constitucional.

Em síntese, como exemplarmente demonstrado, a Constituição Federal disciplinou a questão do destino da receita das contribuições de três modos distintos. Ora qualificando o destino diretamente em sede constitucional, mediante a previsão especial ou individual de programas e ações financiados pelas contribuições; ora facultando o regramento da destinação por norma infraconstitucional, desde que seja observada a finalidade geral prevista constitucionalmente.

---

[183] PIMENTA, Paulo Roberto Lyrio. Significado e Importância das Receitas das Contribuições Especiais.. In: ROCHA, Valdir de Oliveira (Coord). *Grandes questões atuais do direito tributário.* São Paulo: Dialética, 2004. v. 8, p. 363.

De qualquer modo, como enfatiza de forma precisa Werther Spagnol, "a decisão política sobre o gasto já se encontra previamente tomada pelo legislador constituinte, qual seja, fazer frente ao gasto social, característico da forma do Estado adotada".[184]

Essa análise releva-se essencial para o presente estudo, porque no capítulo V iremos tratar do desvio da arrecadação das contribuições, que pode ocorrer tanto em virtude da desvinculação da receita das contribuições (desvio de finalidade), quanto em razão do desvio do destino (tredestinação). Entretanto, para que seja avaliado o quanto é grave a tredestinação das contribuições, cumpre analisar as contribuições sob uma perspectiva mais ampla, qual seja: como instrumento de efetivação dos direitos sociais, eis que foram concebidas pela Constituição Federal de 1988 para garantir os recursos materiais indispensáveis à atuação positiva do Estado.

---

[184] SPAGNOL, Werther Botelho. *As Contribuições Sociais no Direito Brasileiro*. Rio de Janeiro: Forense, 2002, p. 150.

Capítulo IV

As contribuições sociais como instrumento de efetivação dos direitos sociais

4.1. Breves considerações acerca da evolução histórica e da atual expectativa dos direitos fundamentais

O reconhecimento dos direitos fundamentais é resultado de longo processo de evolução histórica, cuja compreensão possibilita compreender a posição que esses direitos ocupam no atual Estado Democrático de Direito.[185] Contudo, como assevera Pérez Luño, o reconhecimento dos direitos humanos, tais como concebidos nas primeiras declarações do século XVIII, é resultado de uma progressiva recepção de direitos, liberdades e direitos individuais que podem ser considerados os antecedentes dos direitos fundamentais.[186]

Desde a Idade Média, já se tem notícia da enumeração dos direitos em forais e cartas, sendo a mais célebre destas cartas, a *Magna Charta Libertatum* firmada pelo Rei João Sem Terra em 1215, que fazia concessões aos nobres deixando de lado a grande maioria da população. Apesar de tais concessões não terem caráter de autênticos direitos fundamentais, são consideradas um marco para alguns direitos e liberdades civis que, mais tarde, seriam consagrados pelos historiadores como direitos civis clássicos, tais como: *Habeas Corpus,* devido processo legal e a garantia da propriedade.

No século XVI, a Reforma Protestante contribuiu para o nascimento dos direitos fundamentais, uma vez que trouxe de forma gradativa para o mundo jurídico a liberdade de opção religiosa e do culto em vários países da Europa e serviu de base para atos que regularam as questões religiosas ligadas aos direitos naturais. Nessa fase, não há como atribuir a esses di-

---
[185] Seguindo pensamento de Sarlet, "uma abordagem histórica pressupõe, num primeiro momento, que se ressalte onde, por que e como nasceram os direitos fundamentais, matéria que ainda hoje suscita controvérs.as. Cuida-se, nesta etapa, de destacar alguns momentos, concepções doutrinárias e formas jurídicas que antecederam e influenciaram o reconhecimento, em nível do direito constitucional positivo dos direitos fundamentais no final do século XVIII". SARLET, Ingo Wolfgang. *A Eficácia dos Direitos Fundamentais*. 5. ed. Porto Alegre: Livraria do Advogado, 2005, p. 42.
[186] PÉREZ LUÑO, Antonio-Enrique. *Los Derechos Fundamentales*. 6 ed. Madrid: Tecnos, 1995, p. 33.

reitos a condição de direitos fundamentais, tendo em vista que podiam ser revogados pelo rei a qualquer tempo.

Em seqüência, merecem referência as declarações de direitos inglesas do século XVII, nomeadamente a *Petition of Rigths,* de 1628, firmada por Carlos I, o *Habeas Corpus Act,* de 1679, subscrito por Carlos II, e o *Bill od Rigths,* de 1689, por terem reconhecido os direitos e liberdades aos cidadãos ingleses.

Tais documentos precederam a Declaração de Direitos do Povo da Virgínia, de 1776, e para a Declaração Francesa, de 1789 que, apesar de incorporarem os direitos e liberdades pelas suas antecessoras inglesas do século XVII, apresentavam características da universalidade e supremacia dos direitos naturais.

A Declaração dos Direitos do Homem e do Cidadão de 1789, apesar de ter sentido abstrato e metafísico, por ser declaração de compromisso ideológico, foi de extrema relevância, visto que serviu de ponto de partida para a inserção dos direitos de liberdade (direitos civis e políticos) em diversas constituições a exemplo da Constituição Espanhola de 1812 e a Constituição Portuguesa de 1822.

Neste período da história, podemos verificar o Estado de Direito numa concepção liberal-burguesa, em que os direitos fundamentais positivados têm cunho individualista, embora universal, sendo classificados por alguns autores como negativos, pois prevêem a não intervenção do Estado quanto à liberdade individual. Os direitos fundamentais que encontramos nesta fase são: direito à vida, direito à liberdade, direito à propriedade, direito à igualdade, direito à expressão coletiva, direito à participação política e ao voto, entre outros.[187] Há nesta fase uma correlação direta entre direitos fundamentais e democracia.

Em face da constitucionalização dos direitos fundamentais, houve a consagração do processo de seu reconhecimento pelos Estados, bem como a aceitação de seu caráter supra- estatal, que teve como marco a Declaração Universal dos Direitos do Homem aprovada pela Assembléia Geral das Nações Unidas em 10 de dezembro de 1948. Efetivamente, a concepção

---

[187] Relevante notar que os direitos fundamentais não constituem uma classe imutável. Como elucida BOBBIO, Norberto. *A Era dos Direitos.* Rio de Janeiro: Elsevier, 2004, p. 36, "o elenco de direitos do homem se modificou e continua a se modificar, com a mudança das condições históricas, ou seja, dos carecimentos e dos interesses, das classes de poder dos meios disponíveis para realização dos mesmos, das transformações técnicas, etc. Direitos que foram declarados absolutos no final do século XVIII, como propriedade *sacre et inviolable,* foram submetidos a radicais limitações nas declarações contemporâneas ; direitos que as declarações do século XVIII nem sequer mencionavam, como os direitos sociais, são agora proclamados com grande ostentação nas recentes declarações. (...). O que parece fundamental numa época histórica e numa determinada civilização não é fundamental em outras épocas e em outras culturas."

dos direitos fundamentais em direitos de primeira,[188] segunda[189] e terceira[190] gerações somente foi inserida a partir dessa Declaração.

Particularmente no Direito Brasileiro, a supra-estatalidade é evidenciada pela sistematização dos direitos fundamentais na Constituição Federal de 1988, dispostos de forma específica em capítulo próprio (arts. 5º e 7º da CF/88). Importa notar que o grau de supra-estatalidade conferido a esses direitos impõe ao Estado o compromisso de reconhecê-los, protegê-los, e se submeter às normas de direito internacional.[191]

Observa-se, contudo, que após quase meio século da consagração dos direitos fundamentais e diante da transição do Estado Moderno para o Estado Social, primordial se apresenta uma análise crítica da real efetividade de tais direitos fundamentais, especialmente dos direitos sociais, introduzidos de forma ampla e organizada no ordenamento jurídico brasileiro pela Constituição Federal de 1988.

Luigi Ferrajoli, em sua teoria do Garantismo Jurídico, assinala que com a constitucionalização dos direitos naturais, o tradicional conflito entre positivismo jurídico e jusnaturalismo perdeu em grande parte seu significado, transformando-se na divergência entre o direito que é e o direito que deve ser, entre efetividade e normatividade.[192] Assim, a noção de grau mais ou menos alto do garantismo passa a ser uma questão central, sendo o maior grau de garantismo relacionado à efetivação dos direitos.

De fato, sobretudo em relação aos direitos sociais à prestação, verificam-se problemas específicos no que concerne a sua realização, tendo

---

[188] Conforme explicita Paulo Bonavides, os direitos da primeira geração ou direitos da liberdade têm por titular o indivíduo, são oponíveis ao Estado, traduzem-se como faculdade ou atributos da pessoa e ostentam uma subjetividade que é seu traço mais característico. Enfim, são direitos de resistência ou de oposição perante o Estado. BONAVIDES, Paulo. *Direito Constitucional*. São Paulo: Malheiros, 2005, p.563/564.

[189] A segunda geração tem um cunho positivo, ou seja, há uma obrigação de fazer imposta pela sociedade ao Estado. Nesta fase, a liberdade não é do indivíduo perante o Estado, mas é realizada mediante a prestação de alguns serviços pelo Estado ao cidadão. Podemos elencar como exemplos desta fase o direito à assistência social, à saúde, à educação e ao trabalho.São resultado da transição das liberdades formais abstratas para as liberdades materiais concretas. Apesar de seu caráter social, sua aplicação é individual, não devendo ser confundidas com os interesses difusos ou coletivos. BONAVIDES, Paulo. *Direito Constitucional*. São Paulo: Malheiros, 2005, p.564/565.

[190] Os direitos fundamentais de terceira geração são conhecidos também como direitos de fraternidade ou de solidariedade, pois são destinados à proteção de grupos humanos. Neste caso o titular do direito é indefinido e indeterminado. São os chamados direitos fundamentais da coletividade ou difusos. Como exemplo claro desta dimensão temos o direito ao meio ambiente, à qualidade de vida, à paz, ao desenvolvimento, bem como a conservação e utilização do patrimônio histórico e cultural e o direito de comunicação. BONAVIDES, Paulo. *Direito Constitucional*. São Paulo: Malheiros, 2005, p. 569.

[191] Notável é esta submissão prevista pelo § 4º do art. 5º da CF/88, o qual dispõe: "O Brasil se submete `a jurisdição de Tribunal Penal Internacional a cuja criação tenha manifestado adesão." BRASIL. *Constituição Federal (1988)*. Disponível em: <http// www.planalto.gov.br>. Acesso em: 10 maio de 2006.

[192] FERRAJOLI, Luigi. *Diritto e Ragione:* teoria del garantismo penal. Tradução de Ana Paula Zomer et al. São Paulo: Revista dos Tribunais, 2002.

em vista que dependem em sua maioria de atuação positiva do Estado, ao contrário dos denominados direitos de defesa.

A efetividade dos direitos sociais tem por pressuposto lógico a eficácia jurídica, definida como a capacidade da norma de produzir seus efeitos. Como será explicitado em pormenores, se o direito positivado tem alta densidade normativa, surtirá os seus efeitos plenos, sem necessidade de intervenção do legislador infraconstitucional. Ao revés, se possuir baixa densidade normativa, dependerá da atuação concretizadora do legislador para gerar a plenitude de seus efeitos.

Convém notar que existe uma estreita relação entre a eficácia da norma constitucional e a densidade normativa, visto que a capacidade da norma de produzir efeitos está diretamente ligada ao grau de densidade normativa.

Ademais, se estamos nos referindo à eficácia das normas de direitos fundamentais, não se pode olvidar da garantia inserta no § 1º do art. 5º da Constituição Federal, a qual determina a aplicação imediata de tais direitos.

Em nosso sistema jurídico estão disponíveis diversos instrumentos jurídicos destinados a assegurar a efetividade dos direitos. Contudo, considerando-se que os direitos sociais à prestação dependem, primordialmente, de recursos financeiros para sua efetivação, dispensamos nossa total atenção às contribuições sociais, que foram consagradas pela Constituição Federal como instrumento de atuação do Estado em áreas definidas.

4.2. Da eficácia jurídica como pressuposto da efetividade

4.2.1. Da necessária distinção entre eficácia e efetividade

Para a exata compreensão das expressões utilizadas no presente estudo, cumpre distinguir os conceitos de eficácia jurídica e eficácia social, os quais, embora sejam fenômenos jurídicos que habitam planos distintos – do *dever ser* e do *ser* – são utilizados, no mais das vezes, de forma equivocada.

A eficácia jurídica pode ser definida como a potencialidade de o fato jurídico produzir efeitos jurídicos, surgida em decorrência da incidência da norma sobre o suporte fático realizado, isso porque, "enquanto não se realizam os fatos por ela previstos, a norma jurídica, mesmo com vigência, constitui mera proposição referente a hipóteses, não se podendo falar em geração de qualquer conseqüência jurídica".[193]

---

[193] Conforme ensina Mello, "A eficácia da norma jurídica (= incidência) tem como pressuposto essencial a concreção de todos os elementos descritos no suporte fáctico (= suporte fáctico suficiente)".

Em uma só frase, como assinala Marcos Mello: "todas as conseqüências que resultam de um fato jurídico são eficácia jurídica".[194]

Já a eficácia social está relacionada à mudança provocada no mundo físico em razão da aplicação da norma jurídica no mundo dos fatos. A eficácia social confunde-se, portanto, com a efetividade, porque representa "a aproximação, tão íntima quanto possível, entre o dever ser normativo e o ser da realidade social".[195]

A idéia de eficácia social está intimamente ligada à de aplicabilidade, vez que consiste justamente na possibilidade de aplicação das normas jurídicas aos casos concretos, razão pela qual José Afonso da Silva[196] identifica a eficácia com potencialidade e a aplicabilidade com realizabilidade, praticidade.

A partir desses conceitos, verifica-se que a relação entre a eficácia jurídica e a social (efetividade) é de dependência, tendo em vista que a primeira é pressuposto lógico da segunda, vez que a materialização da norma no plano social somente poderá ocorrer em função da aplicação de seu preceito ao fato por ela previsto, gerando, a partir de então, os efeitos desejados pelo legislador. Estão, portanto, intimamente conexas, vez que tanto uma como a outra são indispensáveis à realização integral do direito.

Assim, se pretendemos analisar no presente trabalho a efetividade dos direitos sociais por meio das contribuições sociais, impõe-se examinar preliminarmente a eficácia jurídica dos direitos sociais positivados na Constituição Federal, para então avaliar a efetividade desses direitos mediante a instituição das contribuições sociais.

4.2.2. Da estreita relação entre a densidade normativa e a eficácia dos direitos fundamentais

A classificação das normas constitucionais quanto ao grau de maior ou menor eficácia das normas, já faz parte da doutrina tradicional, que tem em José Afonso da Silva o seu maior expoente.[197] No entanto, sendo a obra

---

MELLO, Marcos Bernardes de. *Teoria do Fato Jurídico:* plano da eficácia, 1. Parte. 2. ed. São Paulo: Saraiva, 2004, p. 17.

[194] Idem, ibidem, 2004, p. 28.

[195] BARROSO, Luís Roberto. *O Direito Constitucional e a Efetividade de suas Normas.* Rio de Janeiro: Renovar, 2003, p. 85.

[196] SILVA, José Afonso. Aplicabilidade e Eficácia das Normas Constitucionais. São Paulo: Malheiros, 1999.

[197] Em seu livro, o autor dividiu as normas constitucionais em três grupos: a) normas de eficácia plena e aplicabilidade imediata, que seriam as que receberam normatividade suficiente para serem diretamente aplicadas, independentemente da integração normativa por parte do Poder Legislativo; b) normas de eficácia contida e aplicabilidade imediata, que seriam as que também receberam normatividade suficiente para serem diretamente aplicadas, mas permitem uma atuação restritiva nos termos da lei ou nos termos de conceitos gerais nelas enunciados; c) normas de eficácia limitada, que se caracterizam por

do autor – Aplicabilidade das Normas Constitucionais – produzida antes da Constituição de 1988, surgiram novas teorias que visam a atribuir às normas constitucionais o maior grau de eficácia possível, a fim de garantir o princípio fundamental da dignidade da pessoa humana.

Ao tratar da eficácia das normas constitucionais, Luis Roberto Barroso,[198] pretendendo reduzir a discricionariedade dos poderes públicos na aplicação da lei fundamental, notadamente no que diz respeito aos comportamentos omissivos do Executivo e do Legislativo, dividiu as normas em: normas constitucionais de organização, cujo objetivo seria organizar o exercício do poder político; normas constitucionais definidoras de direitos, as quais fixam os direitos fundamentais dos indivíduos e; normas constitucionais programáticas, que traçam os fins públicos a serem alcançados pelo Estado.

Para o autor referido, as normas constitucionais definidoras de direitos produzem efeitos variados que colocam os particulares em posições jurídicas distintas, isso porque algumas normas "geram situações prontamente desfrutáveis, dependentes apenas de abstenção", outras "ensejam a exigibilidade de prestações positivas do Estado" e, ainda, existem as que "contemplam interesses cuja realização depende da edição de norma infraconstitucional integradora".

Já Ingo Sarlet, analisando de forma sintetizada as clássicas posições doutrinárias acerca da eficácia das normas constitucionais, observou que apesar de essas concepções serem baseadas em critérios distintos, existem dois pontos de partida que são de um modo geral adotados pelos autores.[199]

De forma unânime, todos defendem que inexiste norma constitucional destituída de eficácia, sendo admitida apenas uma graduação da carga de eficácia das normas constitucionais.

Igualmente, partindo dessa premissa, todas as formulações doutrinárias reconhecem que existem determinadas normas da Constituição que, em razão da insuficiência da normatividade, não geram todos os efeitos de forma imediata porque dependem de atuação concretizadora do legislador ordinário.

Atento à vinculação entre a noção de densidade normativa e a eficácia da norma e dando preferência ao critério dicotômico na distinção das nor-

---

sua aplicabilidade indireta e reduzida, uma vez que não possuem normatividade suficiente e dependem da atuação legislativa para gerar seus principais efeitos.

[198] BARROSO, Luis Roberto. *O Direito Constitucional e a Efetividade de suas Normas*. Rio de Janeiro: Renovar, 2003, p.93/122.

[199] SARLET, Ingo Wolfgang. *A Eficácia dos Direitos Fundamentais*. 5. ed. Porto Alegre: Livraria do Advogado, 2005, p. 238-248. O autor explicitou de forma resumida o entendimento de Ruy Barbosa, José Horácio Meirelles Teixeira, José Afonso da Silva, Maria Helena Diniz, Celso Ribeiro Bastos e Carlos Ayres Brito.

mas constitucionais, Ingo Sarlet separou-as em dois grupos. No primeiro deles estão presentes aqueles direitos constitucionais de alta densidade normativa, os quais, dotados de suficiente normatividade, se encontram aptos a diretamente e sem a intervenção do legislador ordinário, gerar seus efeitos essenciais. No segundo grupo encontram-se "as normas constitucionais de baixa densidade normativa que não possuem normatividade suficiente para – de forma direta e sem uma *interpositio legislatoris* – gerar seus efeitos principais",[200] contudo, sempre apresentam certo grau de eficácia jurídica em virtude de uma normatividade mínima encontrada em todas as normas constitucionais.

Observa-se que todas as classificações acima apontadas levaram em consideração os diferentes graus de eficácia que uma norma constitucional pode encerrar, sobretudo em razão da suficiência da normatividade dos preceitos que indiquem a exigência ou não de uma legislação complementar que os faça gerar seus efeitos principais. Dentro desse contexto, estão presentes os direitos fundamentais como, também, uma série de normas constitucionais que possuem entre si diferentes cargas eficaciais que dependem, "em última análise, de sua densidade normativa, por sua vez igualmente vinculada à forma de proclamação do texto e à função precípua de cada direito fundamental".[201]

Tem razão Ingo Sarlet: se toda e qualquer norma constitucional é dotada de eficácia, o que diferencia a carga de eficácia é justamente sua densidade normativa. Se a norma constitucional possui alta densidade normativa, está apta a produzir efeitos independentemente da atuação do legislador infraconstitucional. Ao revés, se a norma é dotada de baixa densidade normativa, não produz os seus efeitos principais sem que haja interferência do legislador. Com fundamento neste critério, o autor preferiu a classificação binária das normas constitucionais, distinguindo entre as normas de eficácia plena e as normas de eficácia limitada ou reduzida.[202]

Com efeito, é notável a estreita relação estabelecida entre a eficácia da norma constitucional e a densidade normativa, tendo em vista que a capacidade da norma de produzir todos os seus efeitos está diretamente ligada ao grau de densidade normativa. Sendo assim, para que possamos aferir o grau de eficácia de uma norma constitucional, é essencial analisarmos o conteúdo do dispositivo para determinar o nível de normatividade – se suficiente ou insuficiente – capaz de produzir os seus efeitos de forma plena e imediata.

---

[200] SARLET, Ingo Wolfgang. *A Eficácia dos Direitos Fundamentais*. 5. ed. Porto Alegre: Livraria do Advogado, 2005, p. 226.
[201] Idem, ibidem, p. 275.
[202] Idem, ibidem, 2005, p. 250.

Em outros termos, o grau de eficácia da norma está ligado diretamente a forma de positivação do direito fundamental, isto é, à sua estrutura jurídico-normativa, importando para o presente trabalho a dos direitos sociais, autênticos direitos fundamentais, porque disciplinados expressamente no Título II denominado "Dos Direitos e Garantias Fundamentais".[203]

4.2.3. A estrutura jurídico-normativa dos direitos sociais

Os direitos fundamentais elencados em nossa Constituição Federal de 1988 foram positivados de forma diferenciada, sob técnicas de positivação diversas. O direito inserto no art. 215, por exemplo, ao estabelecer que "o Estado garantirá a todos o pleno exercício dos direitos culturais e acesso às fontes de cultura nacional, e apoiará e incentivará a valorização e a difusão das manifestações culturais", mais define uma finalidade a ser implementada pelo Estado que propriamente um direito a ser exercitado pelo cidadão.

Da leitura do dispositivo leal observa-se que a norma que assegura o direito à cultura possui baixa densidade normativa, tendo em vista que depende de ações do Estado para ter sua plena eficácia,[204] visto que todo e qualquer preceito constitucional é dotado de certo grau de eficácia jurídica e aplicabilidade, independentemente da intervenção do legislador.

Entretanto, existem em nossa Carta Maior direitos fundamentais que foram positivados de forma diversa, a exemplo do que ocorre com o dispositivo que prevê a participação dos trabalhadores nos lucros das empresas (art. 7º, inc. XI, da CF/88). Diferentemente do dispositivo acima citado, aqui houve uma melhor delimitação do objetivo a ser atingido. Apesar de, em ambos os casos, existir a necessidade de lei para efetivar o direito em sua plenitude, é de se reconhecer que em razão do direcionamento dado pela norma que assegura o direito do trabalhador, há uma maior vinculação do legislador e em conseqüência uma redução de sua liberdade de conformação.[205]

De um modo geral, os direitos sociais positivados pela atual Constituição Federal têm baixa densidade normativa, ou seja, apresentam estrutura jurídico-normativa vaga e aberta, típica das normas programáticas, normas-objetivo, de tal forma a exigir – ao menos em princípio – uma intervenção do legislador para que venham a adquirir plena eficácia e aplicabilidade. É verdade que grande parte desses direitos já foram regulamentados pelo legislador infraconstitucional, contudo, mesmo na ausência de

---

[203] BRASIL. *Constituição Federal (1988)*. Disponível em: http//www.planalto.gov.br>. Acesso em: 05 abr. 2006.

[204] Para Ingo Sarlet as normas que estabelecem programas, tarefas, fins, objetivos, imposições legiferantes, são "normas constitucionais de cunho programático". SARLET, Ingo Wolfgang. *A Eficácia dos Direitos Fundamentais*. 5. ed. Porto Alegre: Livraria do Advogado, 2005, p. 293.

[205] Idem, ibidem, p. 295.

lei, a questão da eficácia das normas de direitos fundamentais deve sempre ter por postulado a norma contida no art. 5º, § 1º, da CF/88 (aplicação imediata), compreendida como um princípio otimizador da máxima eficácia possível, conforme se verá adiante.

4.2.4. Da aplicabilidade imediata como garantia da eficácia dos direitos sociais

A nossa Constituição Federal, a exemplo da Constituição portuguesa, é expressa ao estabelecer em seu § 1º do art. 5º: "As normas definidoras de direitos e garantias fundamentais têm aplicação imediata". Inobstante a clareza do preceito constitucional, a doutrina pátria ainda não alcançou um consenso quanto ao seu alcance e abrangência.

Quanto ao âmbito material do dispositivo constitucional, isto é, se aplicável a todos os direitos fundamentais ou se restrito aos direitos individuais e coletivos do art. 5º da nossa Constituição, entende-se que o argumento baseado na localização topográfica que, a princípio, poderia indicar uma aplicação restritiva, não se sustenta diante da própria literalidade do dispositivo, o qual utiliza a expressão genérica "direitos e garantias fundamentais".

Do mesmo modo, recorrendo-se à interpretação sistemática e teleológica, verifica-se que essa é a intenção que se depreende da própria Constituição, uma vez que o seu artigo 5º, § 2º, consagra uma concepção materialmente aberta dos direitos fundamentais ao expressamente prever que os direitos e garantias explicitados no art. 5º "não excluem outros decorrentes do regime e dos princípios por ela adotados, ou dos tratados internacionais em que a República Federativa do Brasil seja parte". Assim, tanto a interpretação literal quanto a interpretação sistemática do art. 5º, § 1º, da CF/88 apontam para a aplicação deste dispositivo a todos os direitos constitucionais dotados do caráter de fundamentalidade.

No que concerne ao significado deste preceito constitucional, as opiniões dividem-se entre dois extremos: os que, adotando posição extremamente tímida, sustentam que a norma em exame não pode atentar contra a natureza das coisas, de tal sorte que grande parte dos direitos sociais alcança sua eficácia somente nos termos e na medida da lei; e os que, situados no outro extremo, defendem que todas as normas, mesmo as de cunho eminentemente programático, podem ensejar, em virtude de sua imediata aplicabilidade, o gozo de direito subjetivo individual independentemente de sua concretização legislativa.

Mesmo para os que adotam a interpretação restritiva da norma contida no § 1º do art. 5º, há o reconhecimento de que a Constituição pretendeu, com a sua expressa previsão legal, evitar o esvaziamento dos direitos fundamentais, em especial dos direitos sociais à prestação, na medida em que impõe aos órgãos estatais a tarefa de maximizar a eficácia dos direitos fundamentais. O preceito em comento constitui, pois, "um *plus* agregado às normas definidoras de direitos fundamentais, que tem por finalidade justamente a de ressaltar sua aplicabilidade imediata independentemente de qualquer medida concretizadora".[206]

Em reiteradas decisões o Supremo Tribunal Federal vem dando cumprimento a esse preceito constitucional, ao confirmar as decisões dos juízes singulares e dos tribunais no sentido de assegurar em casos específicos, por exemplo, o direito a tratamento médico, a remédios, decorrente do direito à saúde, lesado em virtude de inércia do Poder Público.[207]

Esse entendimento da Suprema Corte, se por um lado prestigia a regra constitucional da aplicabilidade imediata dos direitos sociais, por outro, afasta o entendimento de que, quando não disciplinados, os direitos sociais constituem fórmulas vazias, de conteúdo programático, no sentido de representarem apenas vetores para a atuação estatal.[208] Entretanto, convém destacar que somente em recente julgamento, ocorrido em novembro de 2005, o Supremo Tribunal Federal assegurou a aplicação do preceito constitucional em toda sua amplitude, visto que impôs ao Poder Público, não o atendimento de um direito individual, mas a adoção de política pública para efetivar o direito social à educação infantil. É o que denota a ementa abaixo transcrita:

> RECURSO EXTRAORDINÁRIO – CRIANÇA DE ATÉ SEIS ANOS DE IDADE – ATENDIMENTO EM CRECHE E EM PRÉ-ESCOLA – EDUCAÇÃO INFANTIL – DIREITO ASSEGURADO PELO PRÓPRIO TEXTO CONSTITUCIONAL (CF, ART. 208, IV) – COMPREENSÃO GLOBAL DO DIREITO CONSTITUCIONAL À EDUCAÇÃO – DEVER JURÍDICO CUJA EXECUÇÃO SE IMPÕE AO PODER PÚBLICO, NOTADAMENTE AO MUNICÍPIO (CF, ART. 211, § 2º) – RECURSO IMPROVIDO. – A educação infantil representa prerrogativa constitucional indisponível, que, deferida às crianças, a estas assegura, para efeito de seu desenvolvimento integral, e como primeira etapa do processo de educação básica, o atendimento em creche e o acesso à pré-escola (CF, art. 208, IV). – Essa prerrogativa jurídica, em conseqüência, impõe, ao Estado, por efeito da alta significação social de que se reveste a educação infantil, a obrigação constitucional de criar condições objetivas que possibilitem, de maneira concreta, em favor das "crianças de zero a seis anos de idade" (CF, art. 208, IV), o efetivo acesso e atendimento em creches e unidades de pré-escola, sob pena de configurar-se inaceitável omissão governamental, apta a frustrar, injustamente, por inércia, o integral adimplemento, pelo Poder Público, de prestação estatal que lhe impôs o próprio texto da Constituição Federal. – A educação infantil, por qualificar-se como direito fundamental de toda criança, não

---

[206] SARLET, Ingo Wolfgang. *A Eficácia dos Direitos Fundamentais*. 5. ed. Porto Alegre: Livraria do Advogado, 2005, p. 268-271. Neste mesmo sentido: CANOTILHO, J. J. Gomes. *Estudos sobre Direitos Fundamentais*. Coimbra: Coimbra, 2004, p. 146.

[207] BRASIL. *Recurso Especial no Agravo Regimental* n. 271.286/RS. Rel. Min. Celso de Mello. D.J. 24.11.2000. Disponível em: <http// o www.stf.gov.gov.br>. Acesso em: 1 jul. 06.

[208] Neste sentido, SILVEIRA, Geovana Faza da. As Contribuições Sociais no Contexto do Estado Democrático de Direito e o Problema da Desvinculação do Produto Arrecadado. *Revista Dialetica de Direito Tributário*, São Paulo, Dialética, n. 105, jul., 2004, p. 40.

se expõe, em seu processo de concretização, a avaliações meramente discricionárias da Administração Pública, nem se subordina a razões de puro pragmatismo governamental. – Os Municípios – que atuarão, prioritariamente, no ensino fundamental e na educação infantil (CF, art. 211, § 2º) – não poderão demitir-se do mandato constitucional, juridicamente vinculante, que lhes foi outorgado pelo art. 208, IV, da Lei Fundamental da República, e que representa fator de limitação da discricionariedade político-administrativa dos entes municipais, cujas opções, tratando-se do atendimento das crianças em creche (CF, art. 208, IV), não podem ser exercidas de modo a comprometer, com apoio em juízo de simples conveniência ou de mera oportunidade, a eficácia desse direito básico de índole social. – Embora resida, primariamente, nos Poderes Legislativo e Executivo, a prerrogativa de formular e executar políticas públicas, revela-se possível, no entanto, ao Poder Judiciário, determinar, ainda que em bases excepcionais, especialmente nas hipóteses de políticas públicas definidas pela própria Constituição, sejam estas implementadas pelos órgãos estatais inadimplentes, cuja omissão – por importar em descumprimento dos encargos político-jurídicos que sobre eles incidem em caráter mandatório – mostra-se apta a comprometer a eficácia e a integridade de direitos sociais e culturais impregnados de estatura constitucional. A questão pertinente à 'reserva do possível'. Doutrina.[209]

Mostra-se irreparável o entendimento do Supremo Tribunal Federal, uma vez que a Constituição Federal já destinou previamente recursos materiais necessários à efetivação desses direitos, quando afetou as contribuições a finalidades específicas, não se justificando, pois, a inércia do Estado.

4.2.5. Da possível intervenção do Poder Judiciário

A intervenção do Poder Judiciário observada no caso concreto julgado pelo STF decorreu da omissão do Poder Legislativo e Executivo de executar políticas públicas direcionadas à educação infantil. Essa intervenção, apesar de ser justificável no caso analisado, ressuscita a discussão quanto à independência entre os poderes, princípio que figura entre as ditas cláusulas pétreas (art. 60, § 4º, III da CF/88).

O Estado Social moderno, pós-positivista, requer uma reformulação funcional dos poderes no sentido de uma distribuição que garanta um sistema eficaz de freios e contrapesos, para que a separação dos poderes não seja um empecilho à efetivação de direitos fundamentais, bem como à intervenção do Poder Judiciário, quando provocado, na implementação de direitos.[210]

Ao analisar o princípio da Separação dos Poderes idealizado por Montesquieu no século XVIII, Andreas Krell observa que é preciso submetê-lo a "uma nova interpretação para poder continuar servindo a sua finalidade original de garantir direitos fundamentais contra o arbítrio e omissão

---

[209] BRASIL. *Agravo Regimental no Recurso Extraordinário* n. 410.715-5/SP. Rel. Min. Celso de Mello. D.J. 3.2.2006. Disponível em: <http//www.stf.gov.gov.br>. Acesso em: 1 jul. 06.

[210] BARROSO, Luís Roberto. *Interpretação e Aplicação da Constituição*. São Paulo: Saraiva, 1996, p. 327. Pós-positivismo é a designação provisória e genérica de um ideário difuso, no qual se incluem o resgate dos valores, a distinção qualitativa entre princípios e regras, a centralidade dos direitos fundamentais e a reaproximação entre o Direito e a Ética

estatal".[211] Como ressalta o autor, Montesquieu "via na divisão dos poderes muito mais um preceito de arte política do que um preceito jurídico, menos um princípio para a organização do sistema estatal e de distribuição de competências, mas um meio de se evitar o despotismo real".[212]

Afastando a acepção exacerbada da tripartição entre os Poderes, Rodolfo Mancuso entende ser possível o controle jurisdicional amplo e exauriente das políticas públicas, justificando essa interferência em razão do próprio significado de política pública. São suas palavras:

> A etiologia da questão das políticas públicas remete ao desenvolvimento histórico-político do próprio conceito de Estado moderno, inicialmente visto como fonte produtora de normas (supremacia do Legislativo, ou monocracia estatal), e daí evoluindo para uma concepção que hoje o coloca como fonte provedora e mantenedora de bem comum. Essa nova concepção – a telocracia estatal – vê o Estado, basicamente, como um pólo gerador de funções e atividades voltadas à efetiva consecução de uma existência digna para a população mediante a oferta de serviços e utilidades (o Estado Social de Direito).[213]

Ao tratar sobre aplicabilidade imediata dos direitos fundamentais sociais, Dirley da Cunha entende ser possível a intervenção do Judiciário para assegurar a efetivação desses direitos, sem que haja violação ao princípio da separação dos poderes. São essas suas palavras:

> Ora, a Constituição não reconhece direitos fundamentais sem conteúdo. Sempre haverá um conteúdo mínimo e essencial, a possibilitar a perfeita e imediata fruição dos direitos conferidos. E a depender da hipótese, deve o Judiciário completar a norma, compondo construtivamente o conteúdo dos direitos fundamentais por ocasião de sua aplicação no caso concreto, sem que se cogite de qualquer ofensa ao princípio da separação dos poderes, uma vez que os direitos são "dotados de força normativa autônoma contra a ausência do legislador, e é tarefa constitucional do Judiciário, faze-los aplicar.[214]

Trilhando caminho semelhante, Victor Abramovich y Christian Courtis defendem a exigibilidade judicial dos direitos sociais, visto que "dada sua compleja estructura, no existe derecho económico, social o cultural que no presente al menos alguna característica o faceta eu permita su exigibilidade judicial em caso de violación".[215]

---

[211] KRELL, Andreas. *Direitos sociais e controle judicial no Brasil e na Alemanha*: os (des)caminhos de um direito constitucional "comparado". Porto Alegre: Sergio Fabris, 2002, p. 88.

[212] Idem, ibidem, p. 89.

[213] MANCUSO, Rodolfo de Camargo. A Ação Civil Pública como Instrumento de Controle Judicial das Chamadas Políticas Públicas. In: MILARÉ, Edis (Coord.) *Ação Civil Pública. Lei n 7.347/85*: 15 anos. São Paulo: Revista dos Tribunais, 2001, p. 736.

[214] CUNHA JÚNIOR, Dirley da. *Controle judicial das omissões do poder público*: em busca de uma dogmática constitucional transformadora à luz do direito fundamental à efetivação da constituição. São Paulo: Saraiva, 2004, p. 290.

[215] ABRAMOVICH, Vitor; COURTIS, Christian. Apuntes sobre La Exigibilidad Judicial de los Derechos Sociales. *Direitos Fundamentais:* Estudos de Direito Constitucional Comparado. São Paulo: Renovés, 2003, p 152. Tradução livre: "dada a sua completa estrutura, não existe direito econômico, social ou cultural que não apresente ao menos alguma característica ou faceta que permita sua exigibilidade judicial em caso de violação".

De fato, se considerarmos que os direitos fundamentais são direitos subjetivos que investem seus titulares de posições jurídicas imediatamente desfrutáveis, a serem materializadas em prestações negativas ou positivas, é forçoso reconhecer, com supedâneo no princípio da efetivação da constituição, a possibilidade dessas prestações serem exigidas direta e imediatamente do Estado, e se não forem realizadas espontaneamente, serem exigidas judicialmente.

Por outro lado, como ressalta Robert Alexy, as objeções que habitualmente se dirigem contra a imediata aplicação dos direitos fundamentais sociais cedem ante o valor dignidade humana, devendo-se, nessa hipótese, admitir os direitos subjetivos a prestações.[216] Assim, não podemos permitir que os direitos fundamentais transformem-se, pela omissão do poder público, em simples aspirações, ideais ou esperanças eternamente insatisfeitas. O precedente do STF destacado no item anterior, deixa evidente o compromisso do Poder Judiciário com os objetivos delineados pela Constituição de 1988.

4.3. Da diversidade de funções dos direitos fundamentais

4.3.1. Critério para classificação dos direitos fundamentais

Além da questão da densidade normativa ter vinculação com a problemática da eficácia das normas constitucionais, como explicitado anteriormente, não se pode deixar de considerar a relevância das diversas funções exercidas pelos direitos fundamentais, para o presente estudo.

Tanto a forma de positivação no texto constitucional, quanto as peculiaridades do objeto do direito fundamental têm implicância no grau de eficácia da norma constitucional. Os direitos fundamentais individuais relativos às liberdades individuais têm a sua eficácia plena, vez que são exercidos por seus destinatários sem que haja necessariamente alguma prestação do Estado. Já os direitos fundamentais sociais, em geral, têm por objeto garantir determinada prestação material, a qual depende da atuação do Estado.

Sem deixar de reconhecer o valor da tradicional classificação dos direitos fundamentais, em direitos de 1ª, 2ª, 3ª e de 4ª gerações,[217] e da moderna classificação dos direitos em distintas dimensões,[218] preferimos adotar,

---

[216] ALEXY, Robert. *Teoria de Los Derechos Fundamentales*. Madri: Centro de Estudios Constitucionales, 1993, p. 494.
[217] BONAVIDES, Paulo. *Curso de Direito Constitucional*. São Paulo: Malheiros, 2005, p. 522 e ss.
[218] SARLET, Ingo Wolfgang. *A Eficácia dos Direitos Fundamentais*. 5. ed. Porto Alegre: Livraria do Advogado, 2005, p. 53-66. Apesar da expressão "geração" ser mais utilizada pelos autores, Paulo

em razão do grau de relevância prática, a classificação proposta por Robert Alexy, acolhida parcialmente por Gomes Canotilho, a qual tem em consideração a diversidade de funções dos direitos fundamentais e a distinta estrutura normativa desses direitos.[219]

De acordo com a formulação de Robert Alexy, os direitos fundamentais são classificados em dois grandes grupos: o dos direitos de defesa, destinados a assegurar as liberdades individuais do cidadão em face da intervenção do Estado e de terceiros; e os direitos a prestações (em sentido amplo), que visam garantir as liberdades coletivas, dependentes de ações positivas do Estado.[220]

4.3.2. Dos direitos de defesa

Seguindo a clássica concepção do ideário liberal, os direitos de defesa são os direitos do indivíduo contra as intervenções do Estado. São os direitos que asseguram as liberdades individuais, políticas, a igualdade, a propriedade, dentre outros.

De cunho eminentemente individualista, tais direitos visam a impedir a interferência do Estado na vida privada das pessoas e de seus bens. Acima de tudo, os direitos fundamentais de defesa objetivam a limitação do poder estatal, assegurando ao indivíduo na esfera de liberdade e outorgando-lhe um direito subjetivo que lhe permita evitar o abuso do Estado ou sua intervenção no âmbito de proteção do direito fundamental.

Os direitos fundamentais de defesa constituem, pois, uma obrigação do Estado de abstenção de práticas que violem tais direitos ou um dever de respeito a determinados bens e interesses da pessoa humana. Caracterizam-se, portanto, essencialmente, como direitos negativos, dirigidos precipuamente a uma atitude de abstenção por parte dos poderes estatais e dos particulares (destinatários do direito).

Sendo assim, na medida em que os direitos de defesa geralmente – e de forma preponderante – se dirigem a um comportamento omissivo do Estado, que deve se abster de interferir na esfera da autonomia pessoal, a plena eficácia desses direitos não suscita grandes questionamentos, mesmo porque costuma ser reconhecida a condição de autênticos direitos subje-

---

Bonavides ressalta que "o vocábulo 'dimensão' substitui, com vantagem lógica e qualitativa, o termo 'geração', caso este último venha induzir apenas sucessão cronológica e, portanto, suposta caducidade dos direitos das gerações antecedentes, o que não é verdade. Ao contrário, os direitos de primeira geração, direitos individuais, os da segunda, direitos sociais, e os da terceira, direitos ao desenvolvimento, ao meio ambiente, paz e àternidade, permanecem eficazes, são infra-estruturais, forma a pirâmide cujo ápice é o direito à democracia". BONAVIDES, Paulo. *Direito Constitucional*. São Paulo: Malheiros, 2005, p.572.

[219] ALEXY, Robert. *Teoria de Los Derechos Fundamentales*. Madri: Centro de Estudios Constitucionales, 1993, p. 419-427.

[220] Idem, ibidem. p. 419/420.

tivos. No entanto, o mesmo não se pode dizer em relação aos direitos à prestações (em sentido estrito), porque reclamam atuação do Estado para sua realização.

4.3.3. Dos direitos à prestação em sentido amplo

Segundo definição proposta por Robert Alexy, todo direito a um ato positivo, a uma ação do Estado é um direito à prestação em sentido amplo, o qual pode ser dividido em três grupos, quais sejam: os direitos à proteção, direitos à organização e procedimento e direitos à prestação em sentido estrito.

Como esclarece o citado autor, em sentido amplo, os direitos à Prestação podem se estender "desde la protección del ciudadano frente a otros ciudadanos a través de normas del derecho penal, pasando por el dictado de normas de organización y procedimiento, hasta prestaciones em dinero y em bienes".[221]

Neste sentido, além de assegurarem a não-intervenção do Estado na esfera pessoal dos indivíduos, os direitos à prestação compreendem o dever do Estado de colocar à disposição os meios materiais e implementar condições fáticas que possibilitem o efetivo exercício das liberdades fundamentais.

Observa-se que em decorrência do surgimento do Estado Social houve uma mudança de paradigma em relação ao exercício do direito da liberdade que deixou de ser exercida perante o Estado para se realizar por intermédio do Estado. É o que restou evidenciado por Ingo Sarlet ao afirmar:

> Estes direitos fundamentais caracterizam-se por outorgarem ao indivíduo direitos a prestações sociais estatais, como assistência social, saúde, educação, trabalho, etc, revelando uma transição das liberdades formais abstratas para as liberdades materiais concreta, utilizando-se a formulação preferida na doutrina francesa.[222]

De fato, no atual Estado democrático de direito, os direitos sociais apresentam uma nova conformação, podendo ser compreendidos, como defende Ingo Sarlet como "uma dimensão específica dos direitos fundamentais", vez que, em última análise, tais direitos asseguram recursos fácticos para efetiva fruição das liberdades materiais, seja por meio das prestações

---

[221] ALEXY, Robert. *Teoria de Los Derechos Fundamentales*. Madri: Centro de Estudios Constitucionales, 1993, p. 427. Tradução livre: "desde a proteção do cidadão frente a outros cidadãos através de normas de direito penal, passando pelo preceito de normas de organização e procedimento, até prestações em dinheiro e em bens".

[222] SARLET, Ingo Wolfgang. *A Eficácia dos Direitos Fundamentais*. 5. ed. Porto Alegre: Livraria do Advogado, 2005, p. 55. No mesmo sentido, BOBBIO, Norberto. *A Era dos Direitos*. Rio de Janeiro: Elsevier, 2004, p. 33, quando assevera que os direitos sociais "expressam o amadurecimento de novas exigências – podemos dizer, de novos valores – como os do bem estar social e da igualdade não apenas formal, e que poderíamos chamar de liberdade através ou por meio do Estado".

materiais e normativas, seja pela proteção e manutenção de forças na esfera das relações trabalhistas.[223]

A divisão dos direitos à prestação em direitos à proteção, à organização e procedimento e à prestação em sentido estrito, proposta por Robert Alexy, tem o mérito de afastar a idéia equivocada de que os direitos sociais fundamentais estão sempre associados a uma prestação positiva do Estado.

É verdade que em sua maior parte os direitos sociais fundamentais têm por objeto a conduta positiva do Estado, consubstanciada em uma prestação de natureza fáctica. Contudo, ainda que os direitos sociais de cunho positivo sejam maioria, existem direitos sociais desvinculados de uma prestação específica do Estado, como por exemplo, o direito ao acesso ao Judiciário (Art. 5º, inciso XXXV, CF/88), e ainda, os denominados direitos sociais negativos que asseguram as liberdades sociais, tais como, a liberdade sindical (Art.8º, CF/88), a liberdade de greve (Art. 9º, CF/88), bem como os direitos fundamentais dos trabalhadores, a exemplo da garantia do salário mínimo, férias, repouso semanal remunerado dentre outros.

Desse modo, revela-se apropriada a divisão tríplice adotada por Robert Alexy, vez que abrange não só os direitos sociais que são efetivados através de prestação positiva do Estado, mas também, os que se concretizam tão-somente com o exercício dos direitos assegurados a uma determinada categoria (como o direito dos trabalhadores).

Como se verifica, os denominados direitos de proteção, por serem vinculados a uma prestação negativa do Estado (*status negativus*), não apresentam maiores problemas quanto a sua eficácia, vez que do ponto de vista normativo, a eficácia depende de operação de cunho eminentemente jurídico (incidência da norma). O mesmo não ocorre em relação aos direitos à prestação em sentido estrito, o qual exige um comportamento ativo do destinatário da norma, que por vezes reclama a disponibilidade de recursos materiais e humanos para sua efetivação, bem como a atuação do legislador no sentido de regulamentar algumas normas constitucionais.

Não estamos afirmando com isso, que os demais direitos fundamentais não impliquem um custo para sua realização. Mesmo os direitos individuais e políticos, que, a princípio, impõem deveres de abstenção estatal, também ensejam gastos públicos. O direito à vida e à propriedade, por exemplo, exigem a manutenção da polícia para a segurança desses bens. O direito ao voto, por sua vez, depende da organização de toda uma estrutura que requer gastos nas eleições. Entretanto, é de se reconhecer que em relação aos direitos sociais de cunho prestacional o custo tem especial relevância na medida em que a "efetiva realização das prestações reclamadas não é possí-

---
[223] SARLET, Ingo Wolfgang. *A Eficácia dos Direitos Fundamentais*. 5. ed. Porto Alegre: Livraria do Advogado, 2005, p. 18.

vel sem que se despenda algum recurso, dependendo, em última análise da conjuntura econômica".[224]

Em razão dessa constatação, dentre os diversos instrumentos jurídicos-políticos disponíveis em nossa ordem jurídica para tornar efetivo os direitos sociais,[225] daremos especial atenção às contribuições sociais previstas em nossa Constituição Federal, como instrumento estabelecido pelo legislador constituinte para gerar os recursos materiais especialmente destinados à concretização dos direitos sociais.

4.4. As contribuições sociais como meio de concretização dos direitos sociais

4.4.1. A finalidade constitucional das contribuições sociais

No Brasil, as Constituições Federais de 1934 e de 1946 iniciaram a formação do Estado Social, prevendo direitos à aposentadoria, à educação, à assistência social, à cultura, à moradia, dentre outros e, em especial, os que visavam à proteção dos trabalhadores. No entanto, muitos direitos fundamentais, como o direito à saúde, apesar de representar um típico direito social, somente ganharam *status* constitucional, de forma expressa, com a Constituição de 1988. Antes, as normas de direitos fundamentais tinham caráter eminentemente programático, o que reduzia a sua eficácia e efetividade.

O legislador constituinte inseriu na atual Constituição Federal uma série de direitos sociais, os quais em sua maior parte, por exigirem a atuação positiva do Estado, carecem de recursos financeiros para sua efetivação. Em contrapartida, previu a competência da União para instituir contribuições sociais, de intervenção do domínio econômico e de interesse de categorias profissionais e econômicas "como instrumento de atuação nas respectivas áreas" (art. 149 da CF/88).[226]

Significa dizer, ao tempo em que a Constituição assegurou um amplo elenco de direitos sociais, criou o recurso material necessário à concretização de tais direitos, ao vincular as contribuições sociais à área social. Outra

---

[224] SARLET, Ingo Wolfgang. *A Eficácia dos Direitos Fundamentais*. 5. ed. Porto Alegre: Livraria do Advogado, 2005, p. 287.

[225] Em nossa Constituição atual temos a própria garantia da aplicabilidade imediata (art. 5º, § 1º), os remédios constitucionais específicos, como o *habeas corpus*, mandado de segurança, *habeas data,* mandado de injunção, ação popular e ainda, o amplo sistema de controle de constitucionalidade.

[226] Conforme Wether Spagnol, "A Constituição Federal, a par de consagrar uma série de direitos sociais aos cidadão, estatuídos como direitos fundamentais, consagra igualmente tributos destinados a fornecer recursos específicos para a garantia de sua efetivação prática". SPAGNOL, Wether Botelho. *As Contribuições Sociais no Direito Brasileiro*. Rio de Janeiro: Forense, 2002, p. 57.

exegese não se pode extrair do citado dispositivo legal, uma vez que se as contribuições foram concebidas como "instrumento", devem se compreendidas como meios para alcançar algum fim ou objetivo, porque não tem sentido conceber algo como um instrumento em si mesmo.

Nessa linha de raciocínio, as contribuições sociais somente podem ser instituídas para atender às finalidades já consagradas pelos direitos sociais positivados em nossa Constituição Federal atual. São, portanto, o meio por excelência, eleito pelo legislador constituinte para assegurar a efetivação dos direitos sociais à prestação (em sentido estrito), na medida em que fornecem os recursos indispensáveis para a atuação do Estado.

As contribuições sociais têm o seu perfil delineado no Título VIII da Constituição, denominado da "Da Ordem Social", onde é firmado o primado do trabalho e postos os objetivos do bem-estar e da justiça social. Além disso, foi disciplinada de forma detalhada a seguridade social, a qual é financiada pelas contribuições sociais e ainda por recursos da União, dos Estados, do Distrito Federal e dos Municípios, na forma disciplinada pelo seu art. 195 da Carta Maior.[227]

De forma simplificada, Marco Aurélio Greco assim define as contribuições sociais:

> Sociais são todas aquelas que dizem respeito a algum padrão de relacionamento da comunidade, o que abrange não apenas as chamadas contribuições de seguridade social (previdência, assistência e saúde), mas também dentro da categoria genérica das contribuições sociais aquelas que decorrem da relação de trabalho, tal como resulta do artigo 7º (por exemplo, o Fundo de Garantia por Tempo de Serviço), ou estão voltadas a uma questão da educação em geral (artigo 212, salário-educação); enfim, aquelas que decorrem de algum tipo de padrão de convivência em sociedade.[228]

No exercício de sua competência tributária, a União Federal, desde a promulgação da Carta Maior de 1988, instituiu contribuições sociais distintas a fim de viabilizar a prestação material do Estado nas diversas áreas sociais.

Assim, para financiar a seguridade social foram instituídas as contribuições previdenciárias da empresa e do empregado, fundadas no art. 195 da CF/88. A fim de recolher recursos para a saúde, e também para a previdência social, foi criada a CPMF (Contribuição Provisória sobre Movimentação Financeira), cujo fundamento constitucional está disposto no art. 75 da ADCT. Já para custear a educação foi estabelecida a contribuição social do salário educação, prevista pelo art. 212, § 5º, o qual diz textualmente: "o ensino fundamental público terá como fonte adicional de

---

[227] Vale destacar que o rol das contribuições destinadas à previdência social previsto pelo art. 195 não é exaustivo, podendo ser instituída outras fontes dedicadas a garantir a manutenção ou expansão da seguridade social, na forma do § 4º do art. 195 da CF.

[228] GRECO, Marco Aurélio. *Contribuições:* uma figura "sui generis". São Paulo: Dialética, 2000, p. 151.

financiamento a contribuição social do salário educação, recolhida pela empresa na forma da lei".[229]

Diversamente dos impostos que têm por objetivo custear as funções gerais e indivisíveis do Estado, as contribuições têm como característica peculiar a destinação a determinada atividade. Se em relação a uma taxa, por exemplo, alguém deve pagá-la porque usufrui de um serviço público ou porque deu ensejo ao exercício de uma atividade fiscalizadora do poder de polícia, no caso das contribuições, a imposição se dá em decorrência de certa finalidade.

Neste sentido é a lição de Luciano Amaro,[230] para quem "o que importa sublinhar é que a Constituição caracteriza as contribuições sociais pela sua destinação, vale dizer, são ingressos necessariamente direcionados para instrumentar (ou financiar) a atuação da União", na área social. Não têm a função somente fiscal, mas primordialmente extrafiscal, visto que são destinadas a atender atribuições específicas já previstas pela Constituição Federal.

Sendo assim, se atendida a diretriz constitucional, as contribuições sociais certamente configuram instrumento indispensável à efetivação dos direitos sociais à prestação, porque os recursos delas provenientes estão vinculados ao custeio das finalidades determinadas pela Carta Maior.

4.4.2. A superação do argumento da reserva do possível

Como já assinalamos, a efetivação dos direitos sociais à prestação (em sentido estrito) depende essencialmente do dispêndio de recursos financeiros pelo Estado. Essa limitação material poderia servir, como de fato tem servido, como escusa do Poder Público para negar a realização de tais direitos, já que somente seria exigível prestação dentro dos limites previstos pelo orçamento público, ou utilizando expressão usualmente utilizada, dentro da reserva do possível.

A "reserva do possível" é tradução da expressão *Vorberhalt des Möglichen* cunhada do Tribunal Constitucional da Alemanha, o qual, como ensina Andreas Krell, "entende que a construção de direitos subjetivos à prestação material de serviços públicos pelo Estado está sujeita à condição da disponibilidade dos respectivos recursos".[231]

Segundo a teoria da reserva do possível, a possibilidade de se exigir do Estado prestação material estaria condicionada ao limite fáctico da dis-

---

[229] BRASIL. *Constituição Federal (1988)*. Disponível em: http//www.planalto.gov.br>. Acesso em: 10 abr. 2006.
[230] AMARO, Luciano. *Direito Tributário Brasileiro*. São Paulo: Saraiva, 1999, p. 53.
[231] KRELL, Andreas. *Direitos Sociais e Controle Judicial no Brasil e na Alemanha* (os (des) caminhos de um Direito Constitucional "Comparado"). Porto Alegres: Sergio Antonio Fabris, 2002, p. 52.

ponibilidade de recursos financeiros. O Estado somente estaria obrigado a atuar para a satisfação das necessidades públicas dentro da reserva do possível, fora desse âmbito não haveria como coagi-lo em virtude da impossibilidade material de realização do direito. Nas precisas palavras de Ana Paula de Barcellos:

> A expressão reserva do possível procura identificar o fenômeno econômico da limitação dos recursos disponíveis diante das necessidades quase sempre infinitas a serem por eles supridas. No que importa ao estudo aqui empreendido, a reserva do possível significa que, para além das discussões jurídicas sobre o que se pode exigir judicialmente do Estado – e em última análise da sociedade, já que é esta que o sustenta –, é importante lembrar que há um limite de possibilidades materiais para esses direitos.[232]

Fundados na teoria da reserva do possível, vários autores nacionais têm questionado a atuação do Poder Judiciário no sentido de determinar ao Poder Executivo a realização de prestação ou adoção de políticas públicas relativas a direitos sociais, por entenderem que cabe apenas ao Legislativo e ao Executivo a decisão política de aplicação dos recursos públicos, a qual depende de disponibilidade orçamentária.

Em frontal oposição a esse entendimento, Andreas Krell demonstra que a reserva do possível é uma falácia, "fruto de um direito constitucional equivocado", incorporado por parte da doutrina nacional, sem que seu conceito fosse adaptado ao contexto cultural e sócio-econômico do Brasil que é bem diferente do encontrado na Alemanha. Em suas palavras:

> [...] o mundo 'em desenvolvimento' ou periférico, de que o Brasil (ainda) faz parte, significa uma realidade específica e sem precedentes, à qual não se podem descuidadamente aplicar as teorias científicas nem as posições políticas trasladadas dos países ricos. Assim, a discussão européia sobre os limites do Estado social e a redução de suas prestações e a contenção dos respectivos direitos subjetivos não pode absolutamente ser transferida para o Brasil, onde o Estado Providência nunca foi implantado.[233]

Desse modo, a correta aplicação da teoria da reserva do possível exige a observância dos limites impostos em nosso sistema jurídico constitucional, ou seja, quando e em que situação o Estado está legitimado para fazer uso da "reserva do possível" para se furtar de suas responsabilidades sociais?

Para responder a essa questão, Fernando Facury Scaff busca na Constituição Federal de 1988, as limitações existentes no âmbito da receita e da despesa. Quanto aos primeiros, relativos à receita, destaca a existência de "normas constitucionais que se traduzem nos direitos de 1ª dimensão

---
[232] BARCELLOS, Ana Paula. *A Eficácia Jurídica dos Princípios Constitucionais*: o princípio da dignidade humana. Rio de Janeiro: Renovar, 2002, p. 236.
[233] Idem, ibidem, 2002, p. 54.

vinculados ao Direito Tributário, tais como o Princípio da Reserva Legal Tributária, o da Anterioridade, o da Irretroatividade Tributária".[234]

Em relação aos limites relativos à despesa, o autor identifica como limites formais o "Princípio da Afetação (que estabelece algumas vinculações de receitas a despesas; art. 167, IV, da CF/88), limitações aos gastos com pessoal (art. 169 da CF/88), obrigatoriedade de gastos com educação (art. 212 da CF/88) e com saúde (art. 198, §§ 2º e 3º, da CF/88)";[235] E como limite material a utilização pelo Estado dos recursos públicos com a finalidade de atingir os objetivos estabelecidos no art. 3º da Constituição Federal, ou seja, não é permitido ao legislador ou administrador públicos realizar "gastos de acordo com sua livre consciência, de forma desvinculada aos objetivos impostos pela Carta, especialmente em seu art. 3º".[236]

Relacionando os conceitos da reserva do possível e do mínimo existencial, Ricardo Lobo Torres entende que "os direitos sociais e a ação governamental vivem sob a reserva do possível, isto é da arrecadação de ingressos previstos nos planos anuais e plurianuais".[237] Isso porque, para o autor, tanto os direitos econômicos, quanto os sociais, diversamente dos direitos fundamentais, não fazem parte do mínimo existencial, definido como o "direito protegido negativamente contra a intervenção, ao mesmo tempo, garantido positivamente pelas prestações estatais".[238]

Considerando que os direitos sociais são direitos fundamentais e, ainda, que a Constituição Federal criou as contribuições com o propósito de servir de instrumento material para a efetivação de tais direitos, não podemos concordar com o pensamento de Ricardo Lobo Torres. Se os recursos advindos das contribuições foram previamente afetados para efetivação dos direitos sociais garantidos pela Carta Maior, a realização de tais direitos pelo Poder Público, seja mediante prestações ou políticas públicas, não se submete ao argumento da "reserva do possível".

Observe-se que, além dos recursos decorrentes das contribuições sociais serem pela Constituição Federal, previamente, destinados ao custeio dos direitos sociais, o próprio orçamento público, como já discutido no item 4.1 do capítulo I, deve seguir a mesma destinação específica que autorizou

---

[234] SCAFF, Fernando Facury. Reserva do Possível, Mínimo Existencial e Direitos Humanos. *Revista Bimestral de Direito Público,* Porto Alegre, Nota dez, ano 4, n. 32, 2005, p. 220.

[235] Idem, ibidem, p. 220/221.

[236] Idem, ibidem. p. 221.

[237] TORRES, Ricardo Lobo. *O Orçamento na Constituição.* Rio de Janeiro: Renovar, 2005, p. 52.

[238] Para o autor Ricardo Lobo Torres, "o mínimo existencial exibe as características básicas dos direitos da liberdade: é pré-constitucional, posto que inerente à pessoa humana; constitui direito público subjetivo do cidadão, não sendo outorgado pela ordem jurídica, mas condicionando-a; tem efeito *erga omnes*, aproximando-se do conceito e das conseqüências do estado de necessidade; não se esgota no elenco do art. 5º da Constituição nem em catálogo preexistente, é dotado de historicidade, variando de acordo com o contesto social.", p. 32 e 33.TORRES, Ricardo Lobo. O Mínimo Existencial e os Direitos Fundamentais. *Revista de Direito Administrativo.* Rio de Janeiro. Jul/set. 1989, p. 35.

a instituição da contribuição, tanto por imposição da norma do art. 167, IV da CF/88,[239] quanto pelo que preceitua o art. 8º da Lei Complementar nº 101/00.[240] Sendo assim, essa vinculação limita, inclusive, a atuação dos Poderes Executivo e Legislativo na elaboração do orçamento, visto que somente é dado escolher o momento e a forma como tais recursos serão aplicados, não a sua destinação.

A escassez de recursos públicos sempre foi levada em consideração nas decisões judiciais brasileiras, entretanto, recentemente o Supremo Tribunal Federal, quando do julgamento da Argüição de Descumprimento de Preceito Fundamental nº 45, mesmo decidindo, no caso em questão, pela perda de objeto, manifestou posição avançada sobre o direito à saúde.

Apesar do forte apelo da reserva do possível, o Supremo Tribunal Federal baseando-se nas lições doutrinárias quanto a reserva do possível, entendeu impertinente e artificial esse argumento, em face da obrigação do Estado de assegurar as condições materiais mínimas de existência do cidadão. É o que restou expresso em diversas passagens da decisão proferida na Argüição de Descumprimento de Preceito Fundamental nº 45, valendo destacar:

> É que a realização dos direitos econômicos, sociais e culturais – além de caracterizar-se pela gradualidade de seu processo de concretização – depende, em grande medida, de um inescapável vínculo financeiro subordinado às possibilidades orçamentárias do Estado, de tal modo que, comprovada, objetivamente, a incapacidade econômico-financeira da pessoa estatal, desta não se poderá razoavelmente exigir, considerada a limitação material referida, a imediata efetivação do comando fundado no texto da Carta Política. Não se mostrará lícito, no entanto, ao Poder Público, em tal hipótese – mediante indevida manipulação de sua atividade financeira e/ou político-administrativa – criar obstáculo artificial que revele o ilegítimo, arbitrário e censurável propósito de fraudar, de frustrar e de inviabilizar o estabelecimento e a preservação, em favor da pessoa e dos cidadãos, de condições materiais mínimas de existência. Cumpre advertir, desse modo, que a cláusula da 'reserva do possível' – ressalvada a ocorrência de justo motivo objetivamente aferível – não pode ser invocada, pelo Estado, com a finalidade de exonerar-se do cumprimento de suas obrigações constitucionais, notadamente quando, dessa conduta governamental negativa, puder resultar nulificação ou, até mesmo, aniquilação de direitos constitucionais impregnados de um sentido de essencial fundamentalidade.[241]

Ao se manifestar na referida ação, a Suprema Corte reconhece que a efetivação dos direitos econômicos, sociais e culturas, porque dependente de recursos financeiros, encontra limitação no próprio orçamento do Estado,

---

[239] BRASIL. *Argüição de Descumprimento de Preceito Fundamental* n. 45. Rel. Min. Celso Melo. D.J 5.4. 2006. Disponível em: http//o www.planalto.gov.br>. Acesso em: 10 abr. 2006.

[240] Assim dispõe o art. 8º da LC 101/00: "os recursos legalmente vinculados à finalidade específica serão utilizados exclusivamente para atender ao objeto de sua vinculação, ainda, que em exercício diverso daquele em que ocorrer o ingresso". BRASIL. *Constituição Federal (1988)*. Disponível em: <http// www.planalto.gov.br>. Acesso em: 1 ago. 2006.

[241] BRASIL. *Constituição Federal (1988)*. Disponível em: <http// www.stf.gov.br>. Acesso em: 25 jul. 2006.

entretanto, pondera que a possível incapacidade financeira do Estado para atender a tais direitos, tem que ser objetivamente aferida, sob pena de haver indevida manipulação da atividade financeira em detrimento dos direitos fundamentais.

Em conclusão, o argumento da reserva do possível somente tem cabimento quando houver a comprovação objetiva da ausência de recursos para atender determinado direito, cumprindo ressaltar que ao menos em relação aos direitos sociais, entendemos que resta superado esse argumento, porquanto os recursos das contribuições estão obrigatoriamente vinculados ao custeio de tais direitos.

4.4.3. A efetividade dos direitos sociais comprometida pelo desvio da arrecadação das contribuições sociais

No âmbito do presente estudo sobre a efetivação dos direitos sociais mediante as contribuições sociais, é de extrema relevância a análise do art. 76 do Ato das Disposições Constitucionais Transitórias, criado pela Emenda Constitucional nº 27, de 21 de março de 2000, posteriormente alterado pela Emenda Constitucional nº 42, de 19 de dezembro de 2003, visto que desvinculou de "órgão, fundo ou despesa, no período de 2003 a 2007, vinte por cento da arrecadação da União de impostos, contribuições sociais e de intervenção no domínio econômico, já instituídos ou que vierem a ser criados no referido período, seus adicionais e respectivos acréscimos legais", com exceção da destinada ao salário educação (§ 2º do art. 76 do ADCT).

Em se tratando de alteração realizada em 2000, é espantoso que, após 12 anos da promulgação da Constituição Federal, ainda seja criado novo dispositivo na parte destinada, pelo legislador constituinte, às normas transitórias, necessárias tão-somente a regular a transição de um sistema constitucional para outro.

A desvinculação a órgão, fundo ou despesa de 20% da arrecadação das contribuições, autorizada pelo art. 76 da ADCT, atenta contra a própria natureza das contribuições sociais. Se a finalidade é elemento do conseqüente da norma de competência tributária, o desvio da arrecadação da contribuição para outro fim, que não aquele previsto pela norma constitucional, gera dois efeitos principais. O primeiro em relação a própria espécie tributária, que deixa de ser contribuição para ser imposto, porque sua arrecadação não está vinculada a determinada finalidade. E o segundo relativo a própria realização dos direitos sociais, vez que a tredestinação das contribuições sociais afeta diretamente a efetividade de tais direitos, porque sem recursos financeiros suficientes não há como o Estado atender aos objetivos especificados pela Constituição na área social.

Observe-se que o problema do desvio da arrecadação ao qual nos reportamos não resulta da inadvertida e inadequada destinação dada pelo administrador aos recursos das contribuições (desvio fáctico), mas de alteração da própria materialidade da norma impositiva que institui as contribuições e, em conseqüência, do próprio objetivo do legislador constituinte que concebeu as contribuições como instrumento de atuação do Estado em áreas específicas.[242]

Tendo sido o desvio de finalidade autorizado pela própria Constituição Federal, impõem-se algumas indagações: poderia a norma do art. 76 do ADCT ser declarada inconstitucional? Se a norma é inconstitucional teria o contribuinte legitimidade para repetir o percentual de 20% desviado que recolheu a título de contribuição? Mesmo sendo admitida a constitucionalidade da referida norma, tratar-se-ia de contribuição? Ou a exação teria caráter de imposto e, por conseqüência, estaria submetida às normas de repartição tributária? Essas são as principais questões que serão enfrentadas no capítulo seguinte.

---

[242] Convém assinalar que em relação a Contribuição de Intervenção ao Domínio Econômico – CIDE, para um significativo segmento doutrinário, essa intervenção materializar-se-ia sempre por meio de uma atividade estatal. A CIDE serviria de instrumento para essa atuação interventiva, custeando-a. Nesse sentido: GRAU, Eros Roberto. IAA- Contribuição de intervenção no Domínio Econômico – Transformação em imposto – Inconstitucionalidade no Regime da EC 1/69 e não recepção pela Constituição de 1988- Princípio da Legalidade e Bitributação, *Revista de Direito Tributário*, [s.n], n. 53, [s/d], p. 194. Entretanto, há também quem sustente posição diametralmente oposta, isto é, a de que a CIDE somente poderia ser, ela própria, o instrumento de intervenção no processo econômico. Assim pensam, entre outros: GRECO, Marco Aurélio. *Contribuições:* uma figura "sui generis". São Paulo: Dialética, 2000, p. 236. PIMENTA, Paulo Roberto Lyrio. As contribuições de intervenção no domínio econômico em face da Emenda Constitucional n. 33/2001, *Revista Dialética de Direito Tributário*, São Paulo, Dialética, n. 81, p. 74/75.

Capítulo V

Da problemática do desvio da finalidade das contribuições sociais

5.1. A finalidade das contribuições e sua destinação constitucional

Ao tratarmos no Capítulo I sobre a relação entre o Direito Financeiro e o Direito Tributário, verificamos que a finalidade das contribuições estabelecidas pelo art. 149 da CF/88 vincula não só a lei instituidora da contribuição, mas também a lei orçamentária, a qual deve direcionar os recursos advindos das contribuições para o mesmo destino. Essa necessária vinculação, inclusive, foi objeto de norma específica estabelecida pelo art. 8º da Lei Complementar nº 110/00.[243]

Enquanto no âmbito do Direito Tributário a finalidade é elemento que identifica as contribuições como espécie tributária autônoma e legitima a sua instituição pela União, no âmbito do Direito Financeiro a finalidade determina a destinação dada ao produto arrecadado mediante as contribuições.

A relação estabelecida entre a finalidade e a destinação da contribuição é de causa e conseqüência, porque não faria sentido instituir uma contribuição com finalidade específica sem que houvesse o controle do destino dado ao produto de sua arrecadação. Se não fosse assim, como ressalta Paulo Ayres Barreto, "estaríamos diante de uma condicionante que, verdadeiramente, nada condicionaria; de um pretenso limite jurídico que não serviria a nenhum propósito; de um controle de legalidade que nada controlaria".[244]

Dentro desse contexto, podemos afirmar que a finalidade é causa, porque autoriza a instituição da contribuição, enquanto a destinação é a conseqüência advinda da finalidade.

Essa distinção, entre finalidade e destinação das contribuições, pode ser apreendida da própria Constituição Federal. Conforme explicitado no

---

[243] Conforme dispõe o art. 8º da LC nº 110/00, "os recursos legalmente vinculados à finalidade específica serão utilizados exclusivamente para atender ao objeto de sua vinculação, ainda que em exercício diverso daquele em que ocorrer o seu ingresso". BRASIL. *Constituição Federal (1988)*. Disponível em: <http// www.planalto.gov.br>. Acesso em 5 abr. 2006.
[244] BARRETO, Paulo Ayres. Contribuições. Regime Jurídico, Destinação e Controle. São Paulo: Noeses, 2006, p. 167.

item 5 do capítulo III, o art. 149 da CF/88 é um regramento genérico que especifica as finalidades a serem atingidas pelo Estado por intermédio das contribuições, sem detalhar os contornos da destinação, ou seja, como e onde os recursos devem ser aplicados dentro daquela área de atuação. A regra geral determina que os recursos arrecadados com as contribuições sejam destinados àquelas áreas de atuação do Estado.

Contudo, observa-se que a Constituição Federal estabeleceu regras específicas em relação à destinação de determinadas contribuições, quando, por exemplo, no art. 194 vinculou a receita daquela contribuição a ações que objetivem assegurar os direitos relativos à saúde, à previdência social e à assistência social (art. 194 da CF/88). Nesta hipótese e nas demais, em que há uma qualificação do destino, o destino da receita das contribuições, porque previamente qualificado, deve ser observado pelo legislador infraconstitucional.

Nos demais casos, em que não houve uma prévia vinculação do destino, o legislador constitucional tem mais liberdade, porque pode escolher como aplicar os recursos advindos das contribuições, desde que sejam integralmente destinados à finalidade constitucional.

De qualquer modo, cumpre notar que embora a Constituição Federal tenha individualizado a finalidade das contribuições, em maior ou menor grau, a efetiva alocação dos recursos provenientes da arrecadação da contribuição em itens de despesa é realizada pelo orçamento, o qual, como já dito, é o instrumento indispensável ao controle da destinação das contribuições.[245]

No dizer de José Eduardo de Melo, "trata-se de situações distintas, inconfundíveis no âmbito jurídico e cronológico, pois concernem, respectivamente, a anterior exercício da atividade do Legislativo (estipulando o destino do tributo) e posterior atuação do Executivo (aplicando os recursos)".[246]

Como se vê, apesar de a finalidade e destinação das contribuições serem temas intrincados, não são expressões sinônimas. A finalidade é o objetivo almejado pelo legislador constituinte, enquanto a destinação é o direcionamento dado à receita das contribuições pela lei instituidora da exação, pela lei orçamentária e pelo administrador para alcançar o fim constitucional.

---

[245] GRECO, Marco Aurélio. A Destinação dos Recursos Decorrentes da Contribuição de Intervenção no Domínio Econômico – Cide Combustíveis. *Revista Dialética de Direito Tributário*, São Paulo: Dialética, n. 104, maio 2004, p. 125.

[246] MELO. José Eduardo Soares. *Contribuições Sociais no Sistema Tributário*. 3 ed. São Paulo: Malheiros, 2003, p. 35.

5.2. Das diversas formas de desvio da receita das contribuições

5.2.1. No plano normativo e no plano fático

Em decorrência do disposto no art. 149 da CF/88, o exercício da competência impositiva para instituição de contribuição está condicionado à afetação da exação às finalidades especificadas no texto constitucional. Isso porque as contribuições sociais de intervenção ao domínio econômico e de interesse de categoria profissional foram concebidas como instrumento de atuação do Estado nas respectivas áreas.

Como explicitado no decorrer do trabalho, em razão de a finalidade ser elemento que compõe o conseqüente da norma de competência tributária das contribuições, deve necessariamente estar presente nas normas de comportamento, tanto na regra matriz de incidência tributária quanto na lei orçamentária.

Quando a finalidade constitucional não é observada, há desvio ou tredestinação das contribuições, que pode ocorrer tanto no plano normativo quanto no fático.

O desvio de finalidade dá-se no plano normativo sob diferentes vertentes: a) pela Constituição Federal, quando prevê a desvinculação total ou parcial da receita das contribuições no bojo de emenda constitucional; b) pela lei instituidora da contribuição, quando desvincula a receita ou é omissa a seu respeito; c) pela lei orçamentária, que destina a receita da contribuição para outra finalidade ou a direciona para cobrir despesas relativas a outros fins.

Para Marco Aurélio Greco, quando se trata de destinação das contribuições é preciso existir sintonia e congruência entre as três normas – a constitucional, a instituidora da exação, a orçamentária – "de modo que o resultado final (aplicação da receita) não contrarie o modelo constitucional (por atingir finalidade não admitida)".[247]

Já o desvio de finalidade no plano fático ocorre quando o administrador, apesar da previsão legal da finalidade pelas leis tributária e orçamentária, desvincula o produto da arrecadação das contribuições, destinando-o a finalidade distinta.

Por se situarem em diferentes momentos no processo de positivação do direito, convém analisar cada forma de desvio separadamente porque delas advêm conseqüências jurídicas diversas.

---

[247] GRECO, Marco Aurélio. A Destinação dos Recursos Decorrentes da Contribuição de Intervenção no Domínio Econômico – Cide Combustíveis. *Revista Dialética de Direito Tributário* n. 104, maio 2004, p. 125.

5.2.2. A desvinculação da receita das contribuições sociais pela Constituição Federal

O art. 76 do Ato das Disposições Constitucionais Transitórias foi introduzido na Constituição Federal de 1988 pela Emenda Constitucional nº 27, de 21 de março de 2000, que desvinculou, no período de 2000 a 2003, "vinte por cento da arrecadação de impostos e contribuições sociais da União,[248] já instituídos ou que vierem a ser criados no referido período, seus adicionais e respectivos acréscimos legais".[249] A EC nº 27/00 criou uma figura que se costumou denominar Desvinculação das Receitas da União – DRU.[250]

Em seguida, com a proximidade do término do período de vigência da DRU (final de 2003), foi editada a Emenda Constitucional nº 42, em 19 de dezembro de 2003, que, ao alterar o disposto no art. 76 da ADCT,[251] não só prorrogou a desvinculação das receitas até 2007, como ampliou o seu alcance ao incluir a contribuição de intervenção ao domínio econômico – CIDE.

A desvinculação de 20% (vinte por cento) das receitas das contribuições tem por conseqüência imediata a redução substancial dos recursos vinculados às despesas relativas às finalidades constitucionalmente estabelecidas, de modo que, segundo precisa análise empreendida por Fernando Facury Scaff, restam consideravelmente prejudicadas as seguintes finalidades: a) financiamento de programas de desenvolvimento econômico e de programas vinculados ao FAT – Fundo de Amparo ao Trabalhador –, tais como seguro desemprego, abono salarial etc. (art. 239 da CF/88, parcela dos recursos do PIS/PASEP); b) financiamento da seguridade social, decorrente de recursos provenientes da Contribuição Social sobre o Lucro das Pessoas Jurídicas – CSLL – e da contribuição paga pelos trabalhadores

---

[248] A única exceção feita a essa regra foi a contribuição social do salário educação, a que se refere o art. 212, § 5º, da CF, que não teve parte de sua receita desvinculada por força do disposto no § 2º do art. 76 da ADCT. BRASIL. *Constituição Federal (1988)*. Disponível em: <http//www.planalto.gov.br>. Acesso em: 5 abr. 2006.

[249] BRASIL. *Constituição Federal (1988)*. Disponível em: <http//www.planalto.gov.br>. Acesso em: 5 abr. 2006.

[250] Importa registrar que a DRU é sucessora do Fundo Social de Emergência – FSE –, previsto pelos artigos 71, 72 e 73 do ADCT, acrescentado pelo art. 3º da EC de Revisão n. 1, de 1 de março de 1994, que com o objetivo de "sanear financeiramente a Fazenda Pública Federal e manter a estabilidade econômica", autorizou o desvio de 20% das contribuições para integrar o FSE. Esgotado o prazo de vigência do FSE, em 4 de março de 1996, foi promulgada a EC nº 10, através da qual a sua vigência foi prorrogada retroativamente, tendo sido o FSE rebatizado para Fundo de Estabilização Fiscal. Conforme SCAFF, Fernando Facury. *Direitos Humanos e a Desvinculação das Receitas da União – DRU*. Revista Brasileira de Direito Constitucional, n. 4, jul/dez. 2004, p. 725/726.

[251] A redação atual do art. 76 da ADCT é a seguinte: "Art. 76. É desvinculado de órgão, fundo ou despesa, no período de 2003 a 2007, vinte por cento da arrecadação da União de impostos, contribuições sociais e de intervenção no domínio econômico, já instituídos ou que vierem a ser criados no referido período, seus adicionais e respectivos acréscimos legais". BRASIL. *Constituição Federal (1988)*. Disponível em: <http//www.planalto.gov.br>. Acesso em: 2 fev. 2006.

e empregados (art. 195, CF/88); c) financiamento de ações na área de saúde (art. 74 da ADCT, parcela da CPMF); d) financiamento de subsídios ao transporte de combustível, financiamento de projetos ambientais e de infraestrutura de transportes (§ 4º, art. 177 da CF/88, CIDE).[252]

Nessa hipótese, o desvio de finalidade situa-se no próprio texto constitucional que desvincula parte da arrecadação das contribuições de órgão, fundo ou despesa, admitindo a aplicação desses recursos em outras finalidades, que não as que deram causa à instituição da contribuição.

Como será pormenorizado adiante, é certo que a lei instituidora da contribuição não pode desvincular, nem mesmo se omitir quanto ao destino do produto arrecadado, sob pena de ser declarada inconstitucional, por violação ao art. 149 da CF/88. No entanto, tendo sido a desvinculação de 20% da receita das contribuições veiculada por emenda à Constituição Federal, poderia ser declarado inconstitucional o art. 76 da ADCT que a autorizou?

Por ter sido veiculado por emenda constitucional, o art. 76 da ADCT está sujeito ao controle da constitucionalidade formal e material, visto que o Supremo Tribunal Federal já firmou o entendimento de que as emendas constitucionais podem ser declaradas inconstitucionais caso violem cláusula pétrea (art. 60, § 4º, da CF/88). É o que exemplarmente se observa do julgamento da Ação Direta de Inconstitucionalidade nº 939-DF,[253] no qual a Emenda Constitucional nº 3, que instituiu o Imposto Provisório sobre a Movimentação Financeira – IPMF –, foi declarada inconstitucional, em parte, por ter violado o direito fundamental à anterioridade tributária, compreendido entre os direitos fundamentais.

A emenda é o instrumento eleito pela Constituição de 1988 para introduzir novas regras ou alterar as já existentes no texto constitucional. Além de ter um procedimento mais dificultoso para a sua aprovação (§2º do art. 60), a emenda constitucional tem como limitação material um núcleo intangível, que não pode ser objeto de reforma pelo constituinte derivado, por isso denominado de clausulas pétreas (art. 60, § 4º).

Como bem define Paulo Bonavides, "os limites expressos cuja transgressão ocasiona a inconstitucionalidade da iniciativa da emenda, fazendo com que a proposta não seja objeto sequer de deliberação, são aqueles contidos no § 4º do art. 60 da Constituição",[254] os quais compreendem a separação dos poderes, o voto direito, secreto, universal e periódico, os direitos e

---

[252] SCAFF, Fernando Facury. Direitos Humanos e a Desvinculação das Receitas da União – DRU. *Revista Brasileira de Direito Constitucional*, [s.n], n. 4, jul/dez. 2004, p. 729.

[253] Nos termos do acórdão proferido na ADI 939-DF, "Uma Emenda Constitucional, emanada, portanto, de Constituinte derivada, incidindo em violação à Constituição originária, pode ser declarada inconstitucional pelo Supremo Tribunal Federal, cuja função precípua é de guarda da Constituição (art. 102, I, *a*, da C.F.)". BRASIL. *Ação Direta de Inconstitucionalidade n. 939-DF*. Rel. Min. Sydney Sanches. D.J 18.3.1994. Disponível em: <http//www.stf.gov.br>. Acesso em: 5 ago. 2006.

[254] BONAVIDES, Paulo. *Direito Constitucional*. São Paulo: Malheiros, 2005, p. 208.

garantias individuais, e a forma federativa do Estado; tudo que, no dizer do autor, confere "uma compacta proteção às estruturas básicas componentes do Estado de Direito e às Liberdades, tanto dos indivíduos como dos entes autônomos participantes da organização de nossa modalidade de sistema político pluralista".[255]

No caso julgado pelo STF, acima relatado, houve a declaração parcial de inconstitucionalidade da EC nº 3 em virtude de violação aos direitos fundamentais que constituem cláusula pétrea, na forma do art. 60, § 4º, IV, da CF//88. Na hipótese sob análise, pode-se afirmar que a EC nº 27/00 e a EC nº 42/03, ao desvincularem 20% da receita decorrente das contribuições, violam os direitos e garantias fundamentais?

Para responder a essa indagação, necessário se faz recordar algumas premissas assentadas no decorrer do presente trabalho.

O exercício legítimo da competência tributária da União, estabelecida pelo art. 149 da CF/88, está condicionado à afetação das contribuições às finalidades previstas pela Constituição Federal. Em outras palavras, somente é dado à União criar contribuições sociais de intervenção no domínio econômico ou de interesse de categoria profissional ou econômica "como instrumento de atuação nas respectivas áreas".

A concepção das contribuições sociais como "instrumento" de atuação do Estado resulta do processo de transformação do direito inaugurado pela Constituição Federal de 1988, que ao assegurar ao cidadão uma série de direitos sociais, buscou garantir os recursos materiais necessários à efetivação de tais direitos.

Como assentado no capítulo anterior, as contribuições são, portanto, o meio por excelência eleito pelo legislador constituinte para assegurar a efetivação dos direitos sociais à prestação (em sentido estrito), na medida em que fornecem os recursos indispensáveis para a atuação do Estado. Nesse sentido, expõe Werther Spagnol:

> A outorga, então, de competência para a imposição de contribuições sociais completa o perfil do constitucionalismo moderno, dando um toque de efetividade aos direitos sociais. Por meio desses tributos procura-se garantir ao Estado os recursos para que os direitos estabelecidos em lei possam ser objeto de fruição na prática pelo cidadão, permitindo a existência, de fato, de um Estado Democrático de Direito.[256]

A desvinculação de 20% (vinte por cento) da receita das contribuições, autorizada pelas referidas emendas constitucionais, acaba inviabilizando ou prejudicando a realização dos direitos sociais, vez não há como efetivar tais direitos se há o desvio dos recursos destinados ao seu financiamento.

---

[255] BONAVIDES, Paulo. *Direito Constitucional.* São Paulo: Malheiros, 2005, p. 208.

[256] SPAGNOL, Werther Botelho. *As Contribuições Sociais no Direito Brasileiro.* Rio de Janeiro: Forense, 2002, p. 20.

Considerando-se que os direitos sociais estão englobados pela dicção do art. 60, § 4º, IV, da CF/88, as citadas emendas constitucionais afiguram-se inconstitucionais, porque ao permitirem a desvinculação da receita das contribuições terminam restringindo ou até mesmo excluindo tais direitos, que, em sua maioria, dependem de recursos financeiros para sua efetivação.[257]

Nesse sentido, é enfático Fernando Facury Scaff ao ressaltar que "[...] o fato de serem emendas constitucionais não afasta a inconstitucionalidade flagrante decorrente da agressão aos direitos humanos de segunda geração (direitos fundamentais sociais) fruto do afastamento de recursos fiscais constitucionalmente destinados à educação, saúde, e seguridade social".[258]

Assumindo posição diversa, Paulo Roberto Pimenta, fundado na premissa de que "o arquétipo constitucional do tributo não integra o núcleo irreformável", admite a possibilidade de alteração das finalidades indicadas nos arts. 148, 149 e 195 por meio de emendas à Constituição, porque no seu entender essas finalidades não densificam os valores fundamentais dos contribuintes.[259]

Não podemos concordar com o autor. Se as contribuições foram concebidas pela Constituição como garantia material dos direitos sociais, o desvio ou modificação de sua finalidade implica a sua restrição ou exclusão desses direitos, na medida em que tais direitos dependem dos recursos advindos das contribuições para serem prestados pelo Estado.

Sob outra ótica, pode-se entender, assim como o fez Paulo Ayres Barreto,[260] que as citadas emendas constitucionais são inconstitucionais porque violam duas garantias individuais do contribuinte: (a) a garantia de que o valor exigido do contribuinte a título de contribuição seja exclusivamente destinado à finalidade que lhe deu causa; b) a garantia de que os novos impostos não sejam cumulativos e que não tenham fato gerador e base de cálculo próprios dos discriminados na Constituição (art. 154, II, da CF/88).

---

[257] SILVEIRA, Geovana Faza. As Contribuições Sociais no Contexto do Estado Democrático de Direito e o Problema da Desvinculação do Produto Arrecadado. *Revista Dialética de Direito Tributário*, São Paulo: Dialética, n. 105, jun., 2004, p. 42.

[258] SCAFF, Fernando Facury. *Direitos Humanos e a Desvinculação das Receitas da União – DRU*. Revista Brasileira de Direito Constitucional, n. 4, jul/dez. 2004, p. 735.

[259] Para Pimenta, "as finalidades, em verdade, são valores que o Estado deverá implementar, e não valores que funcionem como garantias dos contribuintes contra a atuação estatal. As cláusulas pétreas têm sentido de garantia contra o arbítrio do Estado, por meio do Poder Legislativo". Fundado nesse entendimento, o autor defende a constitucionalidade das EC nº 39 e nº 33, que modificaram o perfil das contribuições especiais ao autorizarem a instituição de uma contribuição distinta do modelo normativo descrito no *caput* do art. 149. PIMENTA, Paulo Roberto Lyrio. Contribuições para o Custeio do Serviço de Iluminação Pública. *Revista Dialética de Direito Tributário* São Paulo: Dialética, n. 95. São Paulo. Ago. 2003, p. 103.

[260] BARRETO, Paulo Ayres. *Contribuições. Regime Jurídico, Destinação e Controle*. São Paulo: Noeses, 2006, p. 175.

A garantia de que o valor recolhido pelo contribuinte, a título de contribuição, seja integralmente direcionado para a finalidade constitucional decorre da própria norma de competência tributária (art.149 da CF/88), que, ao outorgar a União o direito de instituir contribuições vinculadas aos fins especificados constitucionalmente, impõe o dever de direcionar os recursos para a mesma finalidade constitucional que deu ensejo à criação da contribuição.

Desse modo, seja porque restringem os direitos sociais à prestação (em sentido estrito), seja porque violam garantias individuais dos contribuintes, que fazem parte do núcleo intangível da Constituição Federal, as emendas constitucionais nº 27/00 e nº 42/03 padecem de vício insanável de inconstitucionalidade.

5.2.3. Desvio de finalidade pela lei instituidora da contribuição

Pode ocorrer desvio de finalidade pela lei instituidora da contribuição em duas situações. A primeira situação ocorre quando a lei tributária expressamente prevê a aplicação dos recursos provenientes de determinada contribuição para finalidade diversa da prevista constitucionalmente. A segunda situação de desvio configura-se quando a lei tributária omite-se a respeito da finalidade da contribuição ou de sua destinação.

Tanto em uma como em outra situação, a lei instituidora da contribuição viola o disposto no art. 149 da Constituição Federal, afigurando-se inconstitucional,[261] visto que não atende a um dos critérios de validade, qual seja: o critério finalístico.

Como explicitado no capítulo III, a norma de competência tributária estabelece critérios formais e materiais para a instituição válida da contribuição, de modo que a regra-matriz de incidência deve espelhar a conformação dada pela norma constitucional.

Na primeira hipótese, em que a lei destina os recursos arrecadados para outra finalidade, a inconstitucionalidade é patente, porque há previsão em sentido contrário ao preconizado pela Constituição Federal.

Nesse sentido, é o pensamento de Rodrigo Petry, para quem "desobedecida a destinação constitucional para qual deve ser instituída determinada contribuição, a norma jurídica de incidência criada estará fulminada pela inconstitucionalidade, por clara afronta ao art. 149 da Constituição Federal de 1988".[262]

---

[261] Conforme Paulo Roberto Lyrio Pimenta: "em caso de inadequação entre tal e o parâmetro constitucional ter-se-á invalidade, que é qualificada como 'inconstitucionalidade'". PIMENTA, Paulo Roberto Lyrio. Normas de Competência e Controle de Validade da Norma Impositiva Tributária. In: *II Congresso Nacional de Estudos Tributários*. São Paulo: Noeses, 2005, p. 851.

[262] PETRY, Rodrigo. O Critério Finalístico no Controle de Constitucionalidade das Contribuições Especiais. *Revista Dialética de Direito Tributário*, São Paulo: Dialética, n. 112. São Paulo. jan. 2005, p. 117.

Já na segunda hipótese, a violação à Lei Maior não é tão evidente. Para José Marcos de Oliveira, a omissão da lei tributária quanto à finalidade não afeta o mandamento constitucional, que "permanece intacto, dando-se pela adequação da lei à Constituição quer face à presunção de legitimidade dos atos do Poder Público, quer porque sendo ditame constitucional cogente auto-aplicável".[263]

Em sentido diverso, ao discorrer sobre a hipótese em que a lei é silente sobre a receita das contribuições, Paulo Ayres Barreto entende que "não se sustenta como contribuição instituída harmonicamente, em face do nosso sistema constitucional tributário, a exigência baseada em que a lei não estabelece, de forma precisa, a afetação, a órgão, fundo ou despesa".[264]

De fato, a previsão da finalidade na lei instituidora da contribuição é uma exigência da própria norma de competência tributária que autoriza a criação da exação somente para determinados fins. A finalidade das contribuições, porque é elemento que integra a norma de competência tributária (art. 149 da CF/88), é dado jurídico relevante que deve ser considerado pelo legislador.

Ademais, a finalidade específica da contribuição é o que a distingue dos demais tributos, como exemplarmente foi demonstrado quando comparamos as regras-matrizes de incidência do imposto de renda de pessoa jurídica – IRPJ – e da Contribuição Social Sobre o Lucro Líquido – CSLL.

Desse modo, mesmo no caso em que há omissão do legislador quanto à finalidade da contribuição, entendemos que não se pode tê-la como válida, porque em desacordo com a norma constitucional.

Há que se verificar, ainda, que nas hipóteses em que a Constituição Federal qualifica o destino do produto da arrecadação das contribuições,[265] "a lei ordinária que instituir a exação tributária deverá estabelecer o destino do tributo, se este for previsto na Constituição, sob pena de desvirtuá-lo, tornando-o ilegítimo".[266]

---

[263] OLIVEIRA, José Marcos Domingues. O Conteúdo da Extrafiscalidade e o Papel das Cides. Efeitos Decorrentes da Não-utilização dos Recursos Arrecadados ou da Aplicação em Finalidade Diversa. *Revista Dialética de Direito Tributário*, São Paulo, Dialética, n. 131. São Paulo. set.2004, p. 55.

[264] BARRETO, Paulo Ayres. *Contribuições. Regime Jurídico, Destinação e Controle*. São Paulo: Noeses, 2006, p. 179.

[265] Na forma já explicitada no item 4.5 do capítulo IV.

[266] MELO, José Eduardo Soares de. *As Contribuições Sociais no Sistema Tributário*. 3 ed. São Paulo: Malheiros, 2000, p. 35. Em sentido contrário é a opinião de Spagnol, para quem "o fato do aspecto finalístico não vir explicitado na norma de incidência não implica a possibilidade de desconsideração da finalidade e conseqüente destinação constitucional do tributo. Não é expresso na norma em razão, apenas, de a finalidade não ser pré-condição ao exercício válido da competência. Entretanto, se por acaso, em momento posterior à incidência existir desvirtuamento da finalidade, aí sim, repita-se, em momento posterior, a incidência tributária restará ilegítima em face da Constituição". SPAGNOL, Wether Botelho. *As Contribuições Sociais no Direito Brasileiro*. Rio de Janeiro: Forense, 2002, p. 77.

Em síntese: por exigência constitucional, a lei instituidora da contribuição deverá sempre prever em seu texto a finalidade estabelecida pela Constituição Federal. Essa é a regra geral. Contudo, nos casos em que há previsão constitucional do destino do produto arrecadado da contribuição, a lei precisa igualmente especificar a destinação.

5.2.4. Do desvio de finalidade pela lei orçamentária

Configura-se, também, desvio de finalidade quando a lei orçamentária não destina a receita das contribuições para as finalidades previstas na Constituição, ou quando direciona a receita para fim diverso.

Sendo a finalidade um elemento da regra-matriz de incidência que identifica e legitima a instituição da contribuição, deve estar presente não só na lei tributária, mas na lei orçamentária que vincula o destino dado à receita auferida mediante essa exação. Mesmo porque, como ensina José Marcos de Oliveira, "a lei orçamentária atua integrada no plano normativo em que está posta a lei tributária".[267]

Como já afirmamos, em face da vinculação finalística das contribuições, faz-se necessário o controle dos gastos desses recursos pela lei orçamentária, que segundo Regis Oliveira "estabelece a previsão de receitas e autorização das despesas, traçando os rumos de ingerência do Estado na ordem econômica",[268] ou seja, é o instrumento hábil para vincular efetivamente o recurso à finalidade que deu causa à exação.

Observe-se que mesmo havendo previsão da finalidade pela lei tributária, a sua concretização depende da efetiva alocação da receita das contribuições para itens de despesa relacionados aos fins constitucionais. Sendo assim, o orçamento deve expressamente prever a vinculação da receita das contribuições a órgão, fundo ou despesa relacionados à sua finalidade.

A necessidade de vinculação da lei orçamentária às finalidades constitucionais das contribuições já foi, inclusive, reconhecida pelo Supremo Tribunal Federal, que, consoante ressaltamos no item 1.5.3 do capítulo I, no julgamento da ADIN nº 2925-DF decidiu que a abertura de crédito suplementar deve especificar para qual das três finalidades enumeradas no art. 177, § 4º, inciso, *a, b, c*, da CF/88 servirá o recurso previsto em crédito suplementar.

---

[267] OLIVEIRA, José Marcos Domingues. Contribuições Sociais, Desvio de Finalidade e a Dita Reforma da Previdência Social Brasileira. *Revista Dialética de Direito Tributário,* São Paulo: Dialética, n. 108, São Paulo. Set., 2004, p. 55.

[268] OLIVEIRA, Regis Fernandes. *Manual de Direito Financeiro.* 5 ed. rev. São Paulo: RT, 2002, p. 89.

5.2.5. Do desvio de finalidade por ato infralegal

Mesmo quando a lei prevê a afetação das contribuições a fundo, órgão ou despesa, pode haver o desvio de finalidade no plano fático se um ato infralegal desvincula o produto da arrecadação, direcionando-o para fim diverso daquele previsto em lei.

À evidência, se a própria lei instituidora da contribuição tem como requisito de validade o critério finalístico, sua destinação não pode ser alterada por mero ato infralegal. Nesta hipótese, por estar em desconformidade com a lei, o ato infralegal não tem validade, devendo ser revisto pelo ente tributante, que, como sustenta Francisco Wildo Dantas, "tem o poder-dever de reexaminar, em todos os aspectos, a estrutura do ato administrativo, para mantê-la, se considerar inatacável, ou para destituí-la, se a considerar defeituosa".[269]

Observe-se que, neste caso, o ato infralegal viola, a um só tempo, a regra-matriz de incidência das contribuições e a regra financeira, porque não observa a finalidade legal que legitima o recolhimento da exação, menos ainda, a ação de destinar o valor recolhido exclusivamente para o custeio daquela finalidade.

Reputando-se, portanto, ilegal o ato administrativo que desvincula a receita das contribuições, a autoridade administrativa que o praticar está sujeita a imputação de crime de responsabilidade, na forma do art. 85, VI, da CF/88.

5.3. Das conseqüências do desvio de finalidade

5.3.1. Da desconfiguração da espécie tributária: contribuição

A desvinculação a órgão, fundo ou despesa de 20% da arrecadação das contribuições, autorizada pela EC 27/00, bem como o desvio de finalidade pelas leis tributária e/ou orçamentária, atenta contra a própria natureza das contribuições sociais. Se o que caracteriza as contribuições é a finalidade prevista na Constituição Federal, o desvio de sua arrecadação para outro fim transmuda a contribuição em imposto, tributo cuja arrecadação não está vinculada ao atendimento de determinada finalidade.

Como já explicitado, a finalidade é o elemento que identifica a contribuição como espécie tributária autônoma e, em conseqüência, o regime jurídico aplicável. Se desatendida a finalidade, modifica-se a própria natu-

---

[269] DANTAS, FRANCISCO WILDO LACERDA. O Lançamento Tributário e a Decadência. In: MACHADO, Hugo de Brito. *Lançamento Tributário e Decadência*. São Paulo: Dialética, 2002, p. 210.

reza da contribuição, que passa a ser tributo não-vinculado à semelhança do imposto. Nesse sentido é a opinião de José Eduardo de Melo:

> Conquanto o tipo tributário seja identificado por sua materialidade, umbilicalmente ligada à base de cálculo, na contribuição o produto de sua arrecadação deve estar expressamente previsto na lei que a instituiu. Se isto não ocorrer estará desconfigurada esta espécie tributária, e agredido o texto constitucional.[270]

Especificamente no caso do art. 76 da ADCT, em que houve expressa desvinculação da receita das contribuições, a desconfiguração da espécie tributária é bastante clara, porque a União passa a dispor da receita como lhe convier, ou seja, para custear as despesas gerais, suportadas pelos impostos, em detrimento das despesas específicas em razão das quais foi autorizado o exercício da competência tributária das contribuições. É o que restou evidenciado por Marcelo Oliveira e Bruno Rêgo:

> Além de desnaturar por completo o sistema tributário nacional, a retirada da destinação específica de 20% das contribuições sociais, como estabelece a Emenda Constitucional n. 27/2000, acaba por transformá-las em verdadeiros impostos, uma vez que os elementos distintivos entre as contribuições sociais e os impostos decorrem justamente das destinações específicas das receitas obtidas pelas primeiras.[271]

Cabe observar que a desconfiguração da contribuição decorre da própria relação de causa e conseqüência estabelecida entre a finalidade e a destinação das contribuições. Se desviada a receita das contribuições, rompe-se o vínculo entre sua causa (finalidade) e sua conseqüência (destinação), restando desconfigurada a exação.

A desconfiguração da contribuição em imposto como conseqüência do desvio da destinação já foi objeto de intenso debate pelo Supremo Tribunal Federal no julgamento do Recurso Extraordinário nº 178.144-1-AL.[272] Na oportunidade, mesmo sendo a discussão centrada na legalidade de contribuição instituída ainda no regime da Carta Magna de 1969, foi inaugurado relevante debate sobre a transmudação da contribuição em imposto em virtude da alteração da destinação dos recursos.

Se o desvio de finalidade desnatura a contribuição, que passa a ter natureza de imposto, como demonstrado, surge o seguinte questionamento: teriam os Estados federativos, nesta hipótese, o direito à repartição da receita, nos termos dos arts. 157 a 159 da CF/88?

---

[270] MELO. José Eduardo Soares. *Contribuições Sociais no Sistema Tributário*. São Paulo: Malheiros, 2003.

[271] OLIVEIRA, Marcelo Ribeiro; RÊGO, Bruno Noura. As Contribuições Sociais e a Inconstitucionalidade da Emenda Constitucional nº 27. *Revista Dialética de Direito Tributário*, São Paulo, Dialética, n. 58, abr., 2000, p. 65. MACHADO SEGUNDO, Hugo de Brito; MACHADO, Raquel Cavalcanti Ramos. As Contribuições no Sistema Tributário Brasileiro. In: MACHADO, Hugo de Brito. *As Contribuições no Sistema Tributário Brasileiro*. São Paulo, Dialética, 2003, p. 306. SAMPAIO, Júnia Roberta Gouveia. Emenda Constitucional nº 27: Descaracterização das Contribuições Sociais. *Revista Dialética de Direito Tributário*, São Paulo, Dialética, n. 64, jan. 2001, p. 121

[272] BRASIL. *Recurso Extraordinário* n. 178.144-AL. Rel. Min. Marco Aurélio. Rel. Acórdão Min. Maurício Corrêa. D.J. 28.09.01. Disponível em: <http//www.stf.gov.br>. Acesso em: 5 maio 2006.

De acordo com os estudos sobre a carga tributária no Brasil, especificados na introdução, as contribuições equivalem em termos percentuais a quase 50% do total dos tributos arrecadados no Brasil em 2005. Ou seja, o volume de recursos arrecadados com as contribuições é superior ao de qualquer outro tributo.

Como se verificou, o interesse da União em aumentar a arrecadação mediante a criação de contribuições se deve ao fato de não existir previsão constitucional de repartição da receita das contribuições com os Estados e Municípios. Mas, se por um lado, a União não está obrigada a dividir a receita das contribuições, por outro, tem o dever de destinar as contribuições para as finalidades previstas na Constituição Federal.

Nesse contexto, observe-se que a desvinculação de parte da receita das contribuições autorizada pelo art. 76 da ADCT é bastante conveniente para a União, que pode aplicar esses recursos em outras finalidades, como o pagamento de dívida, por exemplo, sem que tenha de dividi-los com os outros entes federativos.

Em princípio, se entendermos que a contribuição cuja receita foi desvinculada pela União é imposto, poderíamos afirmar que os Estados e os Municípios teriam direito à repartição do tributo, na forma prevista pelos arts. 157 a 159 da CF/88. Entretanto, como a desvinculação viola o art. 149 da CF, temos que a contribuição exigida é inconstitucional, não podendo ser convalidada sob a nova roupagem de imposto. Esse é o escólio de Ricardo Souza:

> O que estamos defendendo é que o procedimento acima, que implica a descoberta real do tributo e, portanto, do seu respectivo regime jurídico, não tem o condão de legitimar a exação então legislada, caso a mesma, sob a perspectiva em que foi criada, venha violar o texto constitucional.[273]

Desse modo, afigurando-se inconstitucional a contribuição cuja receita for desvinculada para outra finalidade, entendemos não ser possível a repartição entre os outros entes federativos do valor recolhido indevidamente pelo contribuinte, porque assim o fazendo, estar-se-ia prestigiando o descumprimento da norma constitucional que afeta a contribuição para fins específicos.

5.3.2. Do direito do contribuinte à repetição do que pagou a título de contribuição

De acordo com a norma do art. 149 da CF/88, a União somente tem competência para legislar sobre contribuições se respeitar a finalidade que autoriza a sua instituição. Uma vez instituída a contribuição, com observância deste e dos outros critérios de validade já identificados quando

---

[273] SOUZA, Ricardo Conceição. *Regime Jurídico das Contribuições*. São Paulo: Dialética, 2002, p. 66.

estudamos a regra-matriz de incidência tributária, surge a obrigação do contribuinte de recolher a exação acaso ocorrido o fato previsto na norma.

Em conseqüência, havendo o pagamento da contribuição, impõe-se o atendimento da regra financeira que obriga o administrador a destinar a receita arrecadada para o atendimento da finalidade específica prevista na Constituição Federal.

Como lembra Paulo Ayres Barreto, "contribuição como espécie autônoma pressupõe o cumprimento de duas condutas distintas: (i) o dever jurídico do contribuinte de pagar o tributo; e (ii) o dever jurídico do ente tributante de aplicar o crédito tributário recebido no respectivo órgão, fundo ou despesa".[274]

Sendo assim, exercida pela União a competência tributária do art. 149 da Constituição, surge de um lado o dever jurídico de o sujeito passivo recolher a exação, e do outro, o dever do ente tributante de destinar os recursos provenientes das contribuições de acordo com as suas finalidades.

Recolhida a exação pelo contribuinte, havendo o desvio de finalidade no plano normativo, "verifica-se o exercício irregular da competência impositiva, viciando-se inapelavelmente a norma tributária",[275] o que faz surgir, como defende Werther Spagnol, o direito do contribuinte de resistir ao recolhimento do tributo ou de pedir sua devolução.

Nesse diapasão, ocorrido o desvio de finalidade ou a tredestinação das contribuições, no plano normativo, o contribuinte, em regra, tem o direito subjetivo de repetir o que pagou a título de contribuição em razão da sua evidente inconstitucionalidade, uma vez que somente é exigível contribuição pela União para atender aos fins específicos previstos na Constituição Federal.

Dizemos que em regra o contribuinte tem o direito de pedir a devolução do que pagou como se contribuição fosse, porque existe uma exceção que deve ser considerada.

Suponhamos que seja criado um tributo denominado de contribuição, cuja lei instituidora tenha sido omissa a respeito da finalidade. Nesse caso, apesar de ser denominado contribuição, o tributo pode ter feição de imposto, devendo ser examinado se poderia ter sido validamente criado dentro da competência residual da União.

De acordo com o art. 154, I, da CF/88, a União tem competência residual para instituir, mediante lei complementar, outros impostos, desde

---

[274] BARRETO, Paulo Ayres. *Contribuições. Regime Jurídico, Destinação e Controle*. São Paulo: Noeses, 2006, p. 177.

[275] SPAGNOL, Werther. *As Contribuições Sociais no Direito Brasileiro*. Rio de Janeiro: Forense, 2002, p. 95-98.

que sejam não cumulativos e não tenham fato gerador ou base de cálculo próprios dos discriminados na Constituição.

Verificando-se, pois, que o tributo instituído como contribuição não é afeto a finalidade constitucional, mas atende às condições constitucionais do exercício de competência residual pela União, seria válida a sua cobrança, não tendo o contribuinte o direito de rever o que pagou sob a denominação de contribuição.

Até aqui discorremos sobre o direito à repetição nas hipóteses em que ocorre o desvio de finalidade pela norma jurídica; convém agora tratarmos das conseqüências do desvio fático da finalidade.

Para Mizabel Derzi, mesmo quando o desvio de finalidade é praticado pelo administrador (desvio fático), permanece o direito do contribuinte à repetição do indébito, porquanto a União não teria competência para instituir contribuição cujo recurso não foi aplicado na finalidade constitucional. Em suas palavras:

> O contribuinte pode opor-se à contribuição que não esteja afetada aos fins constitucionalmente admitidos; igualmente, poderá reclamar a repetição do tributo pago, se, apesar da lei, houver desvio quanto à aplicação dos recursos arrecadados. É que, diferentemente da solidariedade difusa ao pagamento de impostos, a Constituição prevê a solidariedade do contribuinte no pagamento de contribuições e empréstimos compulsórios e a conseqüente faculdade outorgada à União de instituí-los, de forma direcionada e vinculada a certos gastos. Inexistente o gasto ou derivado o produto arrecadado para outras finalidades não autorizadas na Constituição, cai a competência tributante para legislar e arrecadar.[276]

Em igual sentido, ao citar a referida autora, Paulo Ayres Barreto defende que "neste caso, os efeitos jurídicos serão os mesmos descritos no tópico precedente [sobre desvio no plano normativo]. Não cumprindo o dever jurídico a que se submete o ente tributante, abre-se oportunidade para repetição do indébito tributário".[277]

Divergindo desse entendimento, assim se posiciona Humberto Ávila:

> Esclareça-se que a destinação deve ser estabelecida em lei. O desvio concreto e posterior da destinação, a rigor, não diz respeito à validade do tributo, mas ao correto cumprimento de normas administrativas e financeiras. Se houver desvio, ainda que parcial, não há comprometimento com a validade do tributo, mas responsabilidade por má gestão de recursos.[278]

De fato, não nos parece possível a repetição de indébito quando o desvio de finalidade é praticado pelo administrador, porque nesse caso o desvio não atinge a relação jurídica tributária que permanece válida, mas viola

---

[276] BALEEIRO, Aliomar. *Direito Tributário Brasileiro*. Atualizado por Mizabel Abreu Machado Derzi. 11. ed. Rio de Janeiro: Forense, 2005, p. 68.
[277] BARRETO, Paulo Ayres. *Contribuições. Regime Jurídico, Destinação e Controle*. São Paulo: Noeses, 2006, p. 182-183.
[278] ÁVILA, Humberto. Contribuições na Constituição Federal de 1988. In: MACHADO, Hugo de Brito. *As Contribuições no Sistema Tributário Brasileiro*. São Paulo, Dialética, 2003, p. 325.

a regra de comportamento que estabelece a obrigação de o administrador destinar a receita das contribuições para a finalidade que lhe deu causa.

Nesta hipótese, por se tratar de ilícito praticado pelo administrador, como observa Hugo de Brito Segundo e Raquel Machado, "deve ensejar a responsabilidade pessoal daqueles que desviaram a contribuição, e a obrigação de a União corrigi-lo ou compensá-lo redirecionando os recursos desviados ou destinando outros, no mesmo montante, para a mesma finalidade".[279]

5.4. A posição do Supremo Tribunal Federal sobre o tema

Como ressaltamos logo no primeiro capítulo, o julgamento da Ação Declaratória de Inconstitucionalidade nº 2925-DF pelo Supremo Tribunal Federal evidencia um novo entendimento dessa Corte a respeito da destinação do produto da arrecadação das contribuições sociais, visto que restou decidido que "é inconstitucional interpretação da Lei Orçamentária nº 10.640, de 14 de janeiro de 2003, que implique abertura de crédito suplementar em rubrica estranha à destinação do que arrecadado a partir do disposto no § 4º do art. 177 da Constituição Federal".[280]

Ao decidir desse modo, a Suprema Corte modificou a posição, até então pacificada, no sentido de que não cabe o controle concentrado de constitucionalidade das normas contidas na lei orçamentária, lei formal de efeitos concretos. É o que se depreende exemplarmente da decisão proferida na Ação Direta de Inconstitucionalidade nº 1640-DF:

EMENTA: – DIREITO CONSTITUCIONAL E TRIBUTÁRIO. CONTRIBUIÇÃO PROVISÓRIA SOBRE MOVIMENTAÇÃO FINANCEIRA – C.P.M.F. AÇÃO DIRETA DE INCONSTITUCIONALIDADE 'DA UTILIZAÇÃO DE RECURSOS DA C.P.M.F.' COMO PREVISTA NA LEI Nº 9.438/97. LEI ORÇAMENTÁRIA: ATO POLÍTICO-ADMINISTRATIVO – E NÃO NORMATIVO. IMPOSSIBILIDADE JURÍDICA DO PEDIDO: ART. 102, I, "A", DA C.F. 1. Não há, na presente Ação Direta de Inconstitucionalidade, a impugnação de um ato normativo. Não se pretende a suspensão cautelar nem a declaração final de inconstitucionalidade de uma norma, e sim de uma destinação de recursos, prevista em lei formal, mas de natureza e efeitos político-administrativos concretos, hipótese em que, na conformidade dos precedentes da Corte, descabe o controle concentrado de constitucionalidade como previsto no art. 102, I, "a", da Constituição Federal, pois ali se exige que se trate de ato normativo. Precedentes. 2. Isso não impede que eventuais prejudicados se valham das vias adequadas ao controle difuso de constitucionalidade, sustentando a inconstitucionalidade da destinação de recursos, como prevista na

---

[279] MACHADO SEGUNDO, Hugo de Brito; MACHADO, Raquel Cavalcanti Ramos. As Contribuições no Sistema Tributário Brasileiro. In: MACHADO, Hugo de Brito. *As Contribuições no Sistema Tributário Brasileiro*. São Paulo: Dialética, 2003, p. 306.

[280] BRASIL. *Ação Direta de Inconstitucionalidade* n. 2925-DF. Relator Ministro Marco Aurélio. D.J. 04.03.05. Disponível em: <http//www.stf.gov.br>. Acesso em: 5 maio 2006

Lei em questão. 3. Ação Direta de Inconstitucionalidade não conhecida, prejudicado, pois, o requerimento de medida cautelar. Plenário. Decisão unânime.[281]

Ao apreciar a citada ADIn, sem enfrentar o mérito da ação – fundada na inconstitucionalidade da Lei Orçamentária nº 9.438/97 que destinava 27,24% dos recursos da CPMF[282] para o pagamento de dívidas e encargos –, a Suprema Corte afastou a possibilidade de qualquer debate sobre a vinculação do produto da arrecadação das contribuições, uma vez que decidiu pela impossibilidade jurídica do pedido, sob o entendimento de que a lei orçamentária é lei apenas no sentido formal, visto que, em face do seu conteúdo, é um ato político-administrativo de efeito concreto, não suscetível, destarte, ao controle de constitucionalidade pela via abstrata ou concentrada.

Diversamente, tendo sido afastada na ADIn nº 2925-DF a preliminar de mérito (impossibilidade jurídica do pedido), o Supremo Tribunal Federal adentrou o cerne da discussão: se a lei orçamentária poderia dispor da receita da CIDE destinando-a a finalidades estranhas às especificadas pelo § 4º do art. 177 da Constituição Federal.

A resposta da Suprema Corte foi negativa. Não pode a lei orçamentária destinar para outra finalidade os recursos provenientes das contribuições. Note-se, contudo, que ao assim fazê-lo, o STF não infringiu o princípio da separação dos poderes, uma vez que não especificou o modo ou forma de utilização da receita das contribuições, mas apenas vedou o gasto em finalidades diversas das constitucionais, como esclarece o relator do acórdão Ministro Carlos Veloso, em seu voto:

> Evidentemente que não estou mandando o Governo gastar. A realização de despesas depende de políticas públicas. O que digo é que o Governo não pode gastar o produto da arrecadação da CIDE fora do que estabelece a Constituição Federal, art. 177, § 4º, II. Noutras palavras, o Governo somente poderá gastar o produto da arrecadação da mencionada contribuição no que está estabelecido na Constituição, art. 177, § 4º, II.[283]

Sob outro enfoque, a questão da destinação da arrecadação das contribuições sociais já foi analisada pelo o Supremo Tribunal Federal, valendo destacar o julgamento do Recurso Extraordinário nº 148.733- SP, em que se examinou a possibilidade de a contribuição social sobre o lucro – CSLL –, ser arrecadada e fiscalizada pela Receita Federal, e não pelo INSS, em decorrência de a contribuição ser destinada ao financiamento da seguridade social.

---

[281] BRASIL. *Ação Direta de Inconstitucionalidade* n. 1640-UF. Rel. Min. Sydney Sanches. D.J. 03.04.98. Disponível em: <http//www.stf.gov.br>. Acesso em: 5 maio 2006.

[282] De acordo com a Emenda Constitucional nº 12/96, que criou a CPMF, o produto da arrecadação da contribuição é destinado "integralmente ao Fundo Nacional de Saúde, para financiamento das ações e serviços de saúde". *Constituição Federal (1988)*. Disponível em: <http//www.planalto.gov.br>. Acesso em: 24 mar. 2006.

[283] BRASIL. Voto proferido na *Ação Direta de Inconstitucionalidade* n. 2925-DF. Ministro Carlos Velloso. D.J. 04.03.05. Disponível em: <http//www.stf.gov.br>. Acesso em: 5 maio 2006.

Em razão da Lei nº 7.689/88, instituidora da CSLL, ter especificado a sua finalidade, o Supremo Tribunal Federal rechaçou a tese de inconstitucionalidade do dispositivo legal que atribuía à Receita Federal a competência para arrecadar e fiscalizar. O Relator do acórdão, Ministro Moreira Alves, após transcrever o voto do Tribunal Regional Federal da 5ª Região proferido pelo então Juiz Hugo de Brito Machado, fundamentou sua posição nos seguintes termos:

> Com efeito, a "administração e fiscalização da contribuição social'" a que alude o *caput* do artigo 6º da Lei 7689/88 diz respeito, sem dúvida alguma, apenas ao processo de arrecadação dessa contribuição [...]. Para que fosse inconstitucional essa forma de arrecadação, necessário seria que a Constituição tivesse criado um sistema de seguridade social cuja realização, em todas suas etapas, tivesse de ser da competência exclusiva de um órgão autônomo de seguridade social. E não é isso o que resulta dos textos constitucionais concernentes à seguridade social. [...] ora o art. 1º da Lei n. 7.689/88 estabelece que a contribuição é destinada ao financiamento da seguridade social. Se os recursos obtidos tiverem destino diverso, haverá desvio de finalidade. Mas tal cogitação situa-se em dimensão futura, sujeitando-se os responsáveis às conseqüências legalmente previstas.[284]

Não obstante esta seja a posição da Suprema Corte, ainda persiste divergência doutrinária a respeito do tema. Para Ângela da Motta Pacheco, as contribuições de custeio da seguridade social devem, necessariamente, ter o produto da arrecadação destinado ao Instituto Nacional do Seguro Social, porque "a vinculação decorre do próprio sistema. Se é a finalidade que justifica em primeiro lugar, a criação da contribuição, a sua arrecadação só pode ter por destino esta finalidade".[285]

Percorrendo caminho diverso, Leandro Paulsen não enxerga "nenhuma vinculação necessária do produto da arrecadação das contribuições de custeio da seguridade social ao INSS. Relevante, sim, é a finalidade que dá suporte à instituição do tributo no qual o ente realizará os respectivos programas e ações".[286]

Cumpre observar que, apesar de o STF ter admitido a arrecadação da CSLL pela Receita Federal, reconheceu a finalidade como dado jurídico relevante, tanto que afastou a alegação de inconstitucionalidade em razão de existir previsão legal da finalidade da contribuição. De qualquer modo, entendemos que as receitas das contribuições para a Seguridade Social, quer sejam arrecadadas pela Receita Federal, quer pelo INSS, devem compor o orçamento específico, previsto no art. 165, § 5º, III, da CF, não podendo

---

[284] BRASIL. Recurso Extraordinário n. 146.733-9/SP. Rel. Min. Moreira Alves. D.J. 6.11.92. Disponível em: <http//www.stf.gov.br>. Acesso em: 5 maio 2006

[285] PACHECO, Ângela Maria da. As Contribuições na Constituição Federal de 1988. In: MACHADO, Hugo de Brito. *As Contribuições no Sistema Tributário Brasileiro*. São Paulo, Dialética, 2003, p. 84.

[286] PAULSEN, Leandro. As Contribuições na Constituição Federal de 1988. In: MACHADO, Hugo de Brito. *As Contribuições no Sistema Tributário Brasileiro*. São Paulo, Dialética, 2003, p. 385.

ser utilizadas em outras finalidade senão para custear as ações relativas a saúde, previdência e assistência social.[287]

Dos julgados acima destacados, pode-se concluir que para o Supremo Tribunal Federal as contribuições são caracterizadas por sua finalidade, a qual vincula o destino dado ao produto da arrecadação. É, portanto, inconstitucional a lei tributária que não prevê a finalidade da contribuição, assim como a lei orçamentária que desvincula o destino da receita especificado pela norma constitucional. Sem deixar de considerar o notável avanço da jurisprudência da Corte Suprema, ressentimo-nos da ausência de manifestação do Supremo Tribunal Federal sobre a desvinculação da receita das contribuições autorizada pelo art. 76 da ADCT, introduzido pela Emenda Constitucional nº 27/00, que, em afronta aos direitos sociais, possibilitou o desvio dos recursos advindos das contribuições, que poderão ser aplicados em finalidades diversas daquelas que deram causa à exação.

---

[287] Esse é o entendimento do STF manifestado na Ação Declaratória de Inconstitucionalidade n. 1.417. Rel. Min. Octávio Gallotti. D.J 23.03.01.

Conclusões

O presente estudo teve como objetivo analisar a relação entre o Direito Financeiro e o Direito Tributário em função do vínculo estabelecido por intermédio das contribuições que, diversamente dos impostos e taxas, são identificadas pela finalidade e destinação especificados na Constituição Federal.

Em face dessa nova concepção, a idéia de que o destino dado à receita tributária interessa, exclusivamente, ao Direito Financeiro, é fruto de interpretação seccionada do direito, baseada na autonomia extremada entre os ramos jurídicos, que não encontra respaldo na atual Constituição, cujas prescrições erigiram a finalidade (noção que abrange a destinação) como assunto juridicamente relevante, também, ao Direito Tributário.

Assim, não há como dissociar o conceito de "finalidade" do conceito de "destinação" com o objetivo de atribuir a primeira noção à competência do Direito Tributário e a segunda, ao Direito Financeiro. Isso porque, apesar de a análise das despesas públicas ser um dos objetos científicos do Direito Financeiro, as conclusões fornecidas por este ramo do direito sobre a destinação dos recursos arrecadados das contribuições sociais não podem divergir, sob pena de incongruência da finalidade dessa espécie impositiva, que torna juridicamente possível a criação das exações contributivas, segundo o Direito Tributário.

Analisando-se a composição da norma de competência das contribuições, podemos verificar que a finalidade é elemento que compõe o conseqüente da norma. Essa constatação, implicou a afirmação de que o critério finalístico é o elemento que identifica as contribuições e, por conseguinte, a distingue dos demais tributos. Em síntese esquemática, seguem as principais considerações e conclusões expostas no decorrer do trabalho:

O estudo autônomo de cada uma dessas disciplinas jurídicas faz-se necessário para a boa compreensão dos fenômenos tributário e financeiro, porque possibilita a resolução dos conflitos a partir de normas e princípios específicos sistematizados de forma lógica, mas a autonomia das disciplinas jurídicas não pode ser concebida de forma absoluta, senão relativa, porque cada ramo é parte indissolúvel de um todo de um único fenômeno que se quer coerente.

A partir desta noção, relevou-se mais adequada a teoria da autonomia pluralista que compreende o Direito Financeiro como ramo autônomo, o qual mesmo possuindo institutos e princípios específicos, está estreitamente relacionado com outros ramos do direito.

Sendo o elemento comum entre esses dois ramos, a receita tributária é o ponto de interseção entre o Direito Financeiro e o Tributário, o elo entre esses dois ramos do direito.

A Constituição atual criou espécie tributária autônoma, caracterizada pela destinação, sendo relevante não só para o controle de validade da norma tributária instituidora da contribuição, bem como para a lei orçamentária. Isso porque não teria sentido vincular somente a norma jurídica tributária à destinação específica, já que é por intermédio da lei orçamentária que o Estado atinge suas finalidades.

Além de interferir diretamente na vinculação do orçamento e no controle de validade da lei orçamentária, o conteúdo finalístico das contribuições traz outras conseqüências para o Direito Financeiro, como a limitação da reserva de contingência da lei orçamentária, prevista pelo art. 5º, inc. II, da LC nº 101/00.

O ponto de partida para a análise e interpretação das contribuições está na própria Constituição Federal de 1988, que estabelece os princípios, os limites de tributação, as competências tributárias.

Se antes da Constituição Federal de 1988, a tônica da discussão em torno das contribuições dizia respeito a sua natureza jurídica, na atualidade, é reconhecido, pela maioria dos doutrinadores e pelo Supremo Tribunal Federal, que a natureza tributária das contribuições se revela, não pela materialidade da hipótese de incidência (como acontece com impostos e taxas), mas pelas finalidades que autorizam a sua instituição.

A inserção das contribuições no texto constitucional acentuou o aspecto extrafiscal do tributo, na medida em que o objetivo primário das contribuições não é exclusivamente a arrecadação de recursos para atender as despesas gerais do Estado, como ocorre com os impostos, mas o atendimento de finalidades específicas nas áreas social, política ou econômica.

Sob essa nova perspectiva fundada no direito constitucional vigente, foi repensada a tradicional classificação das espécies tributárias, baseadas tão-somente na materialidade da hipótese de incidência dos tributos, em virtude da vinculação finalística existente da norma de estrutura das contribuições.

O conceito de tributo, pressuposto lógico para a classificação das espécies tributárias, é conceito que se insere na categoria dos jurídico-positivos, isto porque é criação do ordenamento jurídico, o qual estabelece as características e propriedades do tributo.

Entendemos que a definição de tributo deve resultar do somatório processado entre os conceitos legais estabelecidos pelo art. 3º do Código Tributário Nacional e pelo art. 9º da Lei 4.320/64, que, em consonância com as normas jurídicas constitucionais, dão idéia de que tributo é toda prestação pecuniária instituída em lei, que não constitui sanção de ato ilícito, destinada ao custeio das atividades, gerais ou específicas, exercidas pelo Estado.

Classificar os tributos em espécies é relevante porque determina o regime jurídico aplicável às espécies tributárias. A depender da espécie, a Constituição Federal estabelece, de modo diverso, normas sobre competência, incidência, discriminação de rendas, limitações ao poder de tributar, dentre outras. Por outro lado, em função da própria forma federativa do Estado brasileiro, em que os entes federativos têm autonomia financeira, a classificação dos tributos tem, também, importância política.

Observou-se, ainda, que a classificação dos tributos interessa para o Direito Financeiro, uma vez que se o tributo for inserido na categoria de impostos, sua receita será repartida entre os Estados e Municípios, nos termos dos arts. 157 a 159 da CF/88, enquanto, se se tratar de contribuição terá toda a sua arrecadação vertida para a União.

De acordo com a teoria dicotômica defendida por Alfredo Augusto Becker, que adota como critério distintivo das espécies a base de cálculo, os tributos classificam-se em impostos e taxas. Já Geraldo Ataliba defende a teoria de que existem três espécies tributárias – impostos, taxas e contribuições de melhoria – porque tais espécies se distinguem pela materialidade da hipótese de incidência que pode ser vinculada ou não vinculada a uma atuação estatal. São tributos vinculados as taxas e contribuições de melhoria, e não vinculados, os impostos.

Se antes da Carta Constitucional de 1988, o critério da hipótese de incidência, adotado pelos autores acima destacados, revelava-se suficiente e adequado, com a inserção das contribuições caracterizadas pelas finalidades constitucionais, tal critério não consegue responder à nova realidade constitucional.

Analisando-se as normas de competência tributária, verificamos que três são os critérios que devem ser considerados na classificação dos tributos em espécie: a) vinculação, ou não de uma atividade estatal no desenho da hipótese tributária; b) a previsão do destino legal do tributo; c) a previsão legal da restituição.

Adotando-se esses três critérios, os tributos foram classificados em cinco espécies: impostos, taxas, contribuição de melhoria, contribuições (sociais, econômicas e corporativas) e empréstimos compulsórios.

De acordo com o art. 4º, II, do CTN, a destinação não é elemento relevante para a classificação dos tributos. Contudo, entendemos que esse dispositivo é inaplicável em relação às contribuições, tendo em vista que, sob nenhuma hipótese, poderia condicionar a atividade do legislador constituinte que poderia eleger o critério da destinação – como de fato o fez – para discriminar esta ou aquela espécie tributária.

No atual Sistema Constitucional, é inegável a relevância da destinação, não só para identificação da contribuição como espécie tributária autônoma e, em conseqüência, do regime jurídico aplicável, bem como para a aferição de sua validade, uma vez que a norma de competência tributária tem em sua estrutura o elemento finalidade.

A norma de competência tributária é a norma que tem por objetivo a produção de normas de conduta, que seriam aquelas que instituem as regras-matrizes de incidência.

A norma do art. 149 da CF/88 é norma de competência tributária que tem em sua estrutura o elemento finalidade, visto que a União somente está autorizada a instituir contribuições sociais, de intervenção ao domínio econômico e de interesse de categoria profissional e econômica, "como instrumento de sua atuação nas respectivas áreas". Além desse elemento, o texto constitucional estabelece outros limites formais e materiais ao poder de tributar.

A norma jurídica tributária tem como estrutura lógica fundamental um juízo hipotético condicional, formado por um antecedente vinculado pelo conectivo implicacional "dever ser" ao conseqüente.

Entendendo ser possível estender para as normas de estrutura os conceitos empregados na formalização abstrata das normas de conduta, procedemos à identificação dos elementos que compõem o antecedente e o conseqüente da norma de competência tributária das contribuições.

O antecedente da norma de competência tributária descreve um fato: o processo que o legislador deve percorrer para a criação dos tributos. Nele identificamos quatro critérios: critério subjetivo, critério procedimental, critério espacial e critério temporal, os quais foram extraídos do texto constitucional.

Relativamente à norma de competência das contribuições, tem-se como hipótese a descrição do processo de enunciação necessário à criação do tributo, a qual implica uma relação jurídica cujo objeto consiste na faculdade de criar tributos. O conseqüente da norma é, portanto, a relação jurídica na qual é definido o conteúdo da conduta que é modalizada em permitida, em face da limitação, pela norma, de seu conteúdo.

Enquanto o antecedente é formado por critérios de validade sintática (critérios subjetivo, procedimental, temporal e espacial), o conseqüente é composto por critérios de validade semântica (finalidade, princípios, enunciados).

Sem dúvida, a formalização da norma de competência em uma estrutura lógica fornece importantes subsídios para compreensão dos limites impositivos, visto que a partir da análise dos elementos que compõem o antecedente e o conseqüente da norma é possível avaliar se foram atendidos os pressupostos para o exercício válido da competência e, em decorrência, se a contribuição instituída é constitucional.

A norma instituidora das contribuições, designada de regra-matriz de incidência tributária, deve espelhar a conformação dada pela norma de competência tributária, que diversamente dos impostos e taxas, tem em seu conseqüente o critério finalístico.

Como exemplarmente se demonstrou, somente pelo exame do critério material da hipótese de incidência associado à base de cálculo não é possível distinguir o imposto de renda da contribuição social sobre o lucro líquido, devendo ser observado o critério finalístico explicitado no conseqüente da regra matriz da CSLL.

Apesar de todas as contribuições previstas pela Constituição Federal terem fundamento de validade no art. 149 da CF/88, não receberam do legislador constituinte tratamento igual em relação à vinculação de suas receitas, podendo ser aplicadas em diversos fins, desde que sirvam de meio de atuação do Estado nas áreas previstas pelo dispositivo constitucional.

Em relação às contribuições destinadas à seguridade social, houve expressa previsão quanto à vinculação da sua receita a ações que objetivem assegurar os direitos relativos à saúde, à previdência social e à assistência social. Diversamente, no que concerne ao FGTS (art. 7º, III), contribuição para o PIS (art. 239) e contribuições para o sistema "S" (art. 240) – instituídas antes da vigência da Constituição de 1988 e por esta recepcionadas – não houve a vinculação do produto da arrecadação dessas contribuições.

Depreende-se que a Constituição Federal disciplinou a questão do destino da receita das contribuições de dois modos distintos. Ora qualificando o destino diretamente em sede constitucional, mediante a previsão de programas e ações financiados pelas contribuições. Ora facultando o regramento por norma infraconstitucional, desde que seja observada à finalidade prevista constitucionalmente.

Mesmo havendo expressa vinculação da contribuição à finalidade, a Constituição Federal em seu art. 76 do ADCT, com redação dada pela

Emenda Constitucional nº 42, de 19.12.2003, autorizou a desvinculação de 20% da receita das contribuições. Esse dispositivo afigura-se inconstitucional porque permite o desvio de finalidade.

Para compreender o quanto é grave a tredestinação das contribuições, analisamos as contribuições sob uma perspectiva mais ampla, qual seja: como instrumento de efetivação dos direitos sociais.

Em face da constitucionalização dos direitos fundamentais pelos Estados e do reconhecimento de seu caráter supra-estatal, quando da transição do Estado Moderno para o Estado Social, restaram consagrados esses direitos, passando a ser essencial a análise de sua efetividade.

Segundo ensina Ingo Sarlet, a eficácia das normas constitucionais pode ser mensurada a partir do nível da densidade normativa. Se o direito constitucional possuir alta densidade normativa, encontra-se apto a diretamente e sem a intervenção do legislador ordinário, gerar a plenitude de seus efeitos. Ao contrário, se a norma tiver baixa densidade normativa dependerá da interposição do legislador para gerar seus efeitos principais. Contudo, em qualquer caso, as normas constitucionais sempre apresentam certo grau de eficácia jurídica, porque não se admite norma constitucional destituída de eficácia legal, sendo possível, como já explicitado, defender apenas uma graduação da carga eficacial das normas constitucionais.

É correto afirmar que o grau de eficácia das normas constitucionais está ligado diretamente à forma de positivação do direito fundamental, isto é, à estrutura jurídico-normativa da norma.

Em razão do grau de relevância prática, foi adotada no presente estudo a classificação dos direitos fundamentais proposta por Robert Alexy, acolhida parcialmente por Gomes Canotilho, a qual tem em consideração a diversidade de funções dos direitos fundamentais e a distinta estrutura normativa desses direitos. Segundo a formulação do autor, os direitos fundamentais são classificados em dois grandes grupos: o dos direitos de defesa, destinados a assegurar as liberdades individuais do cidadão em face da intervenção do Estado e de terceiros; e o dos direitos a prestações (em sentido amplo), que visam garantir as liberdades coletivas, dependentes de ações positivas do Estado.

A divisão tríplice defendida por Robert Alexy revela-se a mais adequada, vez que reconhece não só a existência de direitos sociais efetivados através de prestação positiva do Estado, mas também, a dos que se concretizam tão somente com o exercício dos direitos assegurados a uma determinada categoria (como o direito dos trabalhadores).

A eficácia dos denominados direitos de proteção, por estarem vinculados a uma prestação negativa do Estado (*status negativus*), não apresenta maiores problemas, vez que do ponto de vista normativo, a eficácia depende de operação de cunho eminentemente jurídico (incidência da norma). O mesmo não ocorre em relação aos direitos à prestação em sentido estrito, os quais exigem um comportamento ativo do destinatário da norma, que por vezes reclama a disponibilidade de recursos materiais e humanos para sua efetivação, bem como a atuação do legislador no sentido de regulamentar algumas normas constitucionais.

É de se reconhecer que em relação aos direitos sociais de cunho prestacional o custo tem especial relevância, vez que o Estado depende de recursos para realizá-los. Em face dessa constatação, dentre os diversos instrumentos jurídico-políticos disponíveis em nossa ordem jurídica para tornar efetivos os direitos sociais, detivemos-nos no exame das contribuições sociais, porque foram criadas pelo Legislador Constituinte para servir de instrumento de atuação do Estado em áreas específicas.

A Constituição Federal de 1988, ao tempo que assegurou um amplo elenco de direitos sociais, estabeleceu em seu art. 149 a competência da União para instituir contribuições sociais, de intervenção do domínio econômico e de interesse de categorias profissionais e econômicas, "como instrumento de atuação nas respectivas áreas". Desse modo, criou o recurso material necessário à concretização de tais direitos ao vincular as contribuições sociais à área social.

Em face das alterações inauguradas pela EC nº 27/00 e nº 42/00, resta comprometida a efetividade dos direitos sociais, a qual o Poder Constituinte buscou assegurar, visto que foi autorizada pelo art. 76 da ADCT a desvinculação à órgão, fundo, ou despesa de 20% da receita arrecadada mediante as contribuições sociais.

A destinação da receita arrecadada mediante as contribuições sociais para outros fins que não aqueles previstos na Constituição Federal afetam vastamente a concretização dos direitos fundamentais sociais, por falta de recursos para sua implementação, porque desviados para outras finalidades. Em última análise, essa desvinculação autorizada pelo art. 76 do ADCT configura enorme retrocesso na concretização dos direitos fundamentais.

Apesar de a finalidade e destinação das contribuições serem temas intrincados, não são expressões sinônimas. A finalidade é o objetivo almejado pelo legislador constituinte, enquanto a destinação é o direcionamento dado à receita das contribuições pela lei instituidora da exação, pela lei orçamentária e pelo administrador para alcançar o fim constitucional.

Quando a finalidade constitucional não é observada, há desvio ou tredestinação das contribuições, que pode ocorrer tanto no plano normativo quanto no fático. O desvio de finalidade dá-se no plano normativo nas seguintes hipóteses: a) pela Constituição Federal, quando prevê a desvinculação total ou parcial da receita das contribuições no bojo de emenda constitucional; b) pela lei instituidora da contribuição, quando desvincula a receita ou é omissa a seu respeito; c) pela lei orçamentária, que destina a receita da contribuição para outra finalidade ou a direciona para cobrir despesas relativas a outros fins. E no plano fático quando o administrador, apesar da previsão legal da finalidade, desvincula o produto da arrecadação das contribuições destinando-o a finalidade distinta.

Considerando-se que os direitos sociais estão englobados pela dicção do art. 60, § 4º, IV, da CF/88, entendemos que as emendas constitucionais nº 27/00 e 42/03 afiguram-se inconstitucionais, porque ao permitirem a desvinculação da receita das contribuições terminam restringindo ou até mesmo excluindo tais direitos, que, em sua maioria, dependem de recursos financeiros para sua efetivação.

Por exigência constitucional, a lei instituidora da contribuição deverá sempre prever em seu texto a finalidade estabelecida pela Constituição Federal. Essa é a regra geral. Contudo, nos casos em que há previsão constitucional do destino do produto arrecadado da contribuição, a lei precisa igualmente especificar a destinação.

O orçamento deve expressamente prever a vinculação da receita das contribuições a órgão, fundo ou despesa relacionados à sua finalidade, tendo em vista que a realização da finalidade constitucional depende da efetiva alocação da receita das contribuições para itens de despesa com ela relacionados.

Reputando-se, portanto, ilegal o ato administrativo que desvincula a receita das contribuições, a autoridade administrativa que o praticar está sujeita a imputação de crime de responsabilidade, na forma do art. 85, VI, da CF/88.

Se o que caracteriza as contribuições é a finalidade prevista na Constituição Federal, o desvio de sua arrecadação para outro fim transmuda a contribuição em imposto, tributo cuja arrecadação não está vinculada ao atendimento de determinada finalidade.

Ocorrido o desvio de finalidade ou a tredestinação das contribuições, no plano normativo, o contribuinte, em regra, tem o direito subjetivo de repetir o que pagou a título de contribuição em razão da sua evidente inconstitucionalidade, uma vez que somente é exigível contribuição pela União para atender aos fins específicos previstos na Constituição Federal.

Reconhecendo a relevância da finalidade das contribuições previstas pelo art. 149 da CF/88, o Supremo Tribunal Federal não só admitiu Ação Direta de Inconstitucionalidade contra lei orçamentária, bem como a julgou parcialmente procedente, para dar interpretação conforme à Constituição, no sentido de impedir que os recursos provenientes da Cide – combustíveis fossem utilizados para suprir créditos suplementares, em detrimento das finalidades constitucionais para as quais foi instituída a exação.

Esta novel posição da Corte Suprema constitui passo decisivo para o controle das contribuições, tanto da norma instituidora da exação, como da norma orçamentária que viabiliza a efetiva atuação do Estado nas áreas específicas estabelecidas pela Constituição Federal.

Referências

ABRAMOVICH, Vitor. COURTIS, Christian. Apuntes sobre La Exigibilidad Judicial de los Derechos Sociales. *Direitos Fundamentais*: Estudos de Direito Constitucional Comparado. Org. Ingo Sarlet. São Paulo: Renovar, 2003.

ALEXY, Robert. *Teoria de Los Derechos Fundamentales*. Madri: Centro de Estudios Constitucionales, 1993.

AMARO, Luciano. *Direito Tributário Brasileiro*. 4. ed. São Paulo: Saraiva, 1999.

ATALIBA, Geraldo. *Hipótese de Incidência Tributária*. 6. ed. São Paulo: Malheiros, 2000.

ÁVILA, Humberto. Contribuições na Constituição Federal de 1988. In: Hugo de Brito Machado (Coord.). *Contribuições no Sistema Tributário Brasileiro*. São Paulo: Dialética, 2003.

BALEEIRO, Aliomar. *Direito Tributário Brasileiro*. 10. ed. Rio de Janeiro: Forense, 1993.

BARRETO, Paulo Ayres. *Contribuições. Regime Jurídico, Destinação e Controle*. São Paulo: Noeses, 2006.

BARROSO, Luís Roberto. Fundamentos teóricos e filosóficos do novo Direito Constitucional Brasileiro. *Revista da Academia Brasileira de Direito Constitucional*, [s/l], [s.n], v. 1, n. 1, p. 40, 2001.

——. *O direito Constitucional e a Efetividade de suas Normas*. Rio de Janeiro: Renovar, 2003.

BECKER, Alfredo Augusto. *Teoria Geral do Direito Tributário*. 3. ed. São Paulo: Lejus, 1998.

BOBBIO, Norberto. *A Era dos Direitos*. Tradução de Carlos Nelson Coutinho. Rio de Janeiro: Elsevier, 2004.

BONAVIDES, Paulo. *Curso de Direito Constitucional*. 5. ed. São Paulo: Malheiros, 2000.

BORGES, José Souto Maior. *Introdução ao Direito Financeiro*. São Paulo: Max Limonad, 1998.

——. *Teoria Geral da Isenção Tributária*. São Paulo: Malheiros, 1998, p.380.

CANOTILHO, J. J. Gomes. *Estudos sobre Direitos Fundamentais*. Coimbra: Almedina, 2002.

CARRAZA, Roque Antônio. *Curso de Direito Constitucional Tributário*. 9. ed. São Paulo: Malheiros, 1997.

CARVALHO, Paulo de Barros. *Curso de Direito Tributário*. 13. ed. São Paulo: Saraiva, 2000.

_____. IPI: Comentários sobre as Regras de Interpretação da Tabela NBM/SH (TIPI/TAB), *Revista Dialética de Direito Tributário*, São Paulo: Dialética, n. 12, p. 55-65, set. 1996.

_____. *Direito Tributário*. (Fundamentos Jurídicos da Incidência). São Paulo: Saraiva, 1998.

_____. *Teoria da Norma Jurídica*. São Paulo: Max Limonad, 2002.

CHARNESKI, Heron. Desvio Orçamentário de Finalidade das Contribuições à Luz do Federalismo Fiscal Brasileiro: o Caso Cide-Combustíveis. *Revista Dialética de Direito Tributário*, São Paulo, Dialética, n. 128, p. 13-25, maio, 2006.

COÊLHO, Sacha Calmon Navarro. *Curso de Direito Tributário Brasileiro*. Rio de Janeiro: Forense, 1999.

DANTAS, Francisco Wildo Lacerda. O Lançamento Tributário e a Decadência. In: MACHADO, Hugo de Brito. *Lançamento Tributário e Decadência*. São Paulo: Dialética, 2002.

DINIZ, Maria Helena. *Compêndio de Introdução à Ciência do Direito*. 16. ed. São Paulo: Saraiva, 2004.

FERRAJOLI, Luigi. *Diritto e Ragione*: Teoria Del Garantismo Penal. Tradução de Ana Paula Zomer *et al*. São Paulo: Revista dos Tribunais, 2002.

GAMA, Evandro Costa. As Contribuições Sociais de Seguridade Social e a Imunidade do art. 149, § 2º, I, da Constituição Federal. *Revista Dialética de Direito Tributário*, São Paulo: Dialética, n. 108, p. 44-59, set., 2004.

GAMA. Tácio Lacerda. *Contribuição de Intervenção no Domínio Econômico*. São Paulo: Quartier Latin, 2003.

GRAU, Eros Roberto. IAA – Contribuição de intervenção no Domínio Econômico – Transformação em imposto – Inconstitucionalidade no Regime da EC 1/69 e não recepção pela Constituição de 1988- Princípio da Legalidade e Bitributação, *Revista de direito tributário*, [s/l], [s.n], n 53, p.194, [s/d].

GRECO, Marco Aurélio. *Contribuições (uma figura 'sui generis')*. São Paulo: Dialética, 2000, p. 94.

_____. A Destinação dos Recursos Decorrentes da Contribuição de Intervenção ao domínio Econômico – Cide sobre Combustíveis. *Revista Dialética de Direito Tributário*, São Paulo: Dialética, n. 104, p. 122-140, maio, 2004.

_____. Contribuições: Delimitação da Competência Impositiva. Segurança Jurídica na Tributação e Estado de Direito. *II Congresso Nacional de Estudos Tributários*. São Paulo: Noeses, 2005.

GUASTINI, Ricardo. *Distinguiendo:* estúdios de teoria y metateoría del derecho. Tradução de:Jordi Ferrer Beltam. Barcelona: Gedisa, 1999.

HOSPERS, John. *Introdución a Análisis Filosófico*. 2. ed. Madrid: Alianza Universidad, 1984.

IVO, Gabriel. O Processo de Formação da Lei Orçamentária Anual, A rejeição do Projeto de Lei e o princípio da inexauribilidade da lei orçamentária. *Revista Trimestral de Direito Público*, São Paulo: Malheiros, v. 34, p. 165-180, 2001.

_____. A Produção Abstrata dos Enunciados Prescritivos. In: SANTI, Eurico Marcus Diniz de. *Curso de Especialização em Direito Tributário*. Rio de Janeiro: Forense, p. 125-172, 2005.

JARACH, Dino. *Finanzas Públicas y Derecho Tributário*. 2. ed. Buenos Aires: Abeledo-Perrot, 1996.

KRELL, Andreas. *Direitos Sociais e Controle Judicial no Brasil e na Alemanha* (os (des) caminhos de um Direito Constitucional "Comparado"). Porto Alegres: Sergio Antonio Fabris, 2002, p. 52.

LAPATZA, José. *Curso de Derecho Financeiro Espanhol.* 19. ed. Madri: Marcial Pons, 1997.

MACHADO SEGUNDO, Hugo de Brito; MACHADO, Raquel Cavalcanti Ramos. As Contribuições no Sistema Tributário Brasileiro. In: MACHADO, Hugo de Brito. *As Contribuições no Sistema Tributário Brasileiro.* São Paulo: Dialética, 2003.

MANCUSO, Rodolfo de Camargo. A Ação Civil Pública como Instrumento de Controle Judicial das Chamadas Políticas Públicas. In: MILARÉ, Edis (Coord.) Ação Civil Pública. *Lei n 7.347/85 – 15 anos,* São Paulo: Ed. Revista dos Tribunais, 2001, f. 707-751.

MELLO, Celso Antônio Bandeira de. *Elementos de Direito Administrativo.* São Paulo: RT, 1980.

MELLO, Marcos Bernardes de. *Teoria do Fato Jurídico*: Plano da Existência. 12. ed. São Paulo: Saraiva, 2003.

———. *Teoria do Fato Jurídico*: Plano da Eficácia. São Paulo: Saraiva, 2004.

MELO, José Eduardo Soares. *Contribuições Sociais no Sistema Tributário.* 4. ed. São Paulo: Malheiros, 2003.

OLIVEIRA, José Marcos Domingues. Contribuições Sociais, Desvio de Finalidade e a Dita Reforma da Previdência Social Brasileira. *Revista Dialética de Direito Tributário,* São Paulo, n. 108, p. 130, set., 2004.

———. O Conteúdo da Extrafiscalidade e o Papel das Cides. Efeitos Decorrentes da Não-utilização dos Recursos Arrecadados ou da Aplicação em Finalidade Diversa. *Revista Dialética de Direito Tributário,* São Paulo: Dialética, n. 131, p. 45-49, ago., 2006.

OLIVEIRA, Regis Fernandes. *Manual de Direito Financeiro.* 5 ed. Ver. São Paulo: RT, 2002.

OLIVEIRA, Marcelo Ribeiro; RÊGO, Bruno Noura. As Contribuições Sociais e a Inconstitucionalidade da Emenda Constitucional nº 27. *Revista Dialética de Direito Tributário,* São Paulo: Dialética, n. 58, abr., 2000.

PÉREZ LUÑO, Antonio-Enrique. Los Derechos Fundamentales. 6 ed. Madrid: Tecnos, 1995.

PETRY, Rodrigo. O Critério Finalístico no Controle de Constitucionalidade das Contribuições Especiais. *Revista Dialética de Direito Tributário,* São Paulo: Dialética, n. 112, p. 106-126, jan. 2005.

PIMENTA. Paulo Roberto Lyrio. Significado e Importância da Vinculação das Receitas das Contribuições Especiais. In: *Grandes Questões Atuais do Direito Tributário.* São Paulo: Dialética, 2005. v. 8.

———. Paulo Roberto Lyrio. Normas de Competência e o Controle de Validade da Norma Impositiva Tributária. *Segurança Jurídica na Tributação e Estado de Direito,* São Paulo: Noeses, 2005.

———. Paulo Roberto Lyrio. As contribuições de intervenção no domínio econômico em face da Emenda Constitucional nº 33/2001, *Revista de direito tributário,* [s/l], n. 81, jun., 2002.

———. Paulo Roberto Lyrio. Contribuições para o Custeio do Serviço de Iluminação Pública. *Revista Dialética de Direito Tributário,* São Paulo: Dialética, n. 95, p. 103, ago. 2003.

SAMPAIO, Júnia Roberta Gouveia. Emenda Constitucional nº 27: Descaracterização das Contribuições Sociais. *Revista Dialética de Direito Tributário,* São Paulo: Dialética, n. 64, p. 121, jan., 2001.

──. Emenda Constitucional nº 27: Descaracterização das Contribuições Sociais. *Revista Dialética de Direito Tributário,* São Paulo: Dialética, n. 64, p. 121, jan. 2001.

SANTI, Eurico Marcus Diniz. As Classificações no Sistema Tributário Brasileiro. *Justiça Tributária,* São Paulo, [s.n], p. 125-147, 1998.

──. As Classificações no Sistema Tributário Brasileiro. In: 1º Congresso Internacional de Direito Tributário – IBET, 1998, Vitória. *Justiça Tributária...* São Paulo, p. 132, 1998.

SARLET, Ingo Wolfgang. *A Eficácia dos Direitos Fundamentais.* 5. ed. Porto Alegre: Livraria do Advogado, 2005.

──. Os Direitos Fundamentais Sociais na Constituição de 1988. *Revista de Diálogo Jurídico,* [s/l], ano 1, v. 1, p. 1-45, 1999.

SCAFF, Fernando Facury. As Contribuições Sociais e o Princípio da Afetação. *Revista Dialética de Direito Tributário,* São Paulo: Dialética, n. 98, p. 44-62, nov. 2003.

──. Reserva do Possível, Mínimo Existencial e Direitos Humanos. *Revista Bimestral de Interesse Público,* Porto Alegre: Notadez, ano 4, n. 32, p. 213-226, 2005.

SCAFF, Fernando Facury; MAUÉS, Antônio G. Moreira. *Justiça Constitucional e Tributação.* São Paulo: Dialética, 2005.

SILVA, José Afonso da. *Aplicabilidade das normas constitucionais.* 3. ed. São Paulo: Malheiros, 1999.

SILVEIRA, Giovana Faza. As Contribuições Sociais no Contexto do Estado Democrático de Direito e o Problema da Desvinculação do Produto Arrecadado. *Revista Dialética de Direito Tributário,* São Paulo: Dialética, n. 105, p. 34-49, jun., 2004.

SOUZA, Ricardo Conceição. *Regime Jurídico das Contribuições.* São Paulo: Dialética, 2002.

SPAGNOL, Werther Botelho. *As Contribuições Sociais no Direito Brasileiro.* Rio de Janeiro: Forense, 2002.

TERAN, Juan Manuel. *Filosofia Del Derecho.* México: Editorial Porrúa, 1998.

TORRES, Ricardo Lobo Torres. *Curso de Direito Financeiro.* 11. ed. Rio de Janeiro: Renovar, 2004.

──. O Mínimo Existencial e os Direitos Fundamentais. *Revista de Direito Administrativo,* Rio de Janeiro, p. 35, jul./set. 1989.

──. *O Orçamento na Constituição.* Rio de Janeiro: Renovar, 2005.

VILANOVA, Lourival. *As Estruturas Lógicas e o Sistema Positivo.* São Paulo: Max Limonad, 1997.

──. *Causalidade e Relação no Direito.* 4 ed. São Paulo: Revista dos Tribunais, 2000.

VILLEGAS, Héctor. *Curso de Direito Tributário.* Tradução de Roque Antônio Carraza. São Paulo: Revista dos Tribunais, 1980.